経営戦略リスクマネジメント

理論と実践

大森 勉 著

ミネルヴァ書房

はじめに

二一世紀となり、資本主義に関する「破綻」と「新たな姿」の議論が大いに展開されている。これまでも資本主義は再生産を繰りかえしてきたが、それはその都度、危機と恐慌を契機としていた。奇しくも二〇二〇年は、世界的な新型コロナウイルス・パンデミックであり、まさにその渦中と言えよう。さらなるグローバル経済の流動性と不透明感がいや増して高まっており、国際社会における覇権争いがより一層の不確実性を増長している。このような環境下では、企業の存続には経営変革とイノベーションが求められている。企業は、大胆かつ緻密な経営戦略を確実に展開し、企業価値を向上し続けなければならない。そのためには、経営戦略を実践、展開する管理手法が必要となる。本書では、その管理手法をリスクマネジメントに求めている。

これまで経営戦略に関する定義は、多くの研究者や実業家が試みている。しかし、それぞれの論点の数だけ定義が存在しているのが事実である。一方、リスクマネジメントを用いるためには、その対象となるリスクを定義しなければならない。従って、戦略リスクの定義を模索する過程において、経営戦略リスクを明らかにすることとした。また、実践的な戦略リスクおよび経営戦略リスクマネジメントに関する展開論として、企業における組織体制と意思決定プロセスの視点から、その有効性と実効性を検証している。企業の存在意義は〝価値創造〟である。それでは〝価値創造〟の定義とはいかなるものなのか。その難解な解の一つを、戦略リスクおよび経営戦略リスクの定義を思索するの中で、アプローチしていければと考えている。本書では、これらの知見が将来の企業経営や学術研究の一助となることを期待し、できるだけ組織的な実践展開に主眼を置いた。ただし、リスク分析や評価に関する具体的な手法の記述は割愛させて頂いた点についてはご容赦願いたい。

本書の研究手法は、東京証券取引所上場企業におけるリスクマネジメントの運用状況を、公開情報データ分析から把握した。さらに、戦略リスクおよび経営戦略リスクマネジメントを可能とする組織体制と意思決定プロセスの導出を、アンケート調査とヒアリング調査から実施している。

本書の構成は、研究論文の展開を敢えて基本にしている。これは、学生や研究者の皆さんに、学習や研究の参考として頂くことを狙いとしている。また、著者のこれまでの企業活動経験より、実務者の方々にも応用が可能であるエッセンスを数多く盛り込ませて頂いた。

序章では経営戦略リスクマネジメントの必要性を述べている。「理論編」として、第1章では、リスクマネジメントの基本に関する重要項目を簡潔に取りまとめた。第2章から第5章では、戦略リスクマネジメントの展開に関する先行研究を、「リスクマネジメント」、「戦略リスク」、「経営戦略」、「意思決定」の四つの論点からレビューした。第6章から第8章は「実践編」で、具体的なデータと経営戦略リスクマネジメントの活用に関して述べている。第6章では、経営戦略リスクマネジメントを展開するための条件の設定を試み、第7章では、リスクマネジメントの運用実態に関する調査結果を取りまとめ、先進的取組企業の事例を取り上げている。第8章では、研究調査か得られた新たな事実に基づき、企業活動において応用を可能とする実務ベースのアイデアを提言をしている。終章では、将来への課題をまとめている。

本書が、経営戦略リスクマネジメントの体系的な基礎知識と実践方法を理解するための概説書として、座右の書となれば幸いである。

経営戦略リスクマネジメント——理論と実践

目次

序章　想定を超える急激な変化に晒される経営環境

資本主義の構造の変化と金融工学の暴走

リーマン・ショックをきっかけに米国型資本主義の終焉に関する議論が活発になっている。しかし、概して米国の振る舞いに対する反発をベースにした情緒的なものが主流であり、大局的な見地に立ったものは少ない。現代の資本主義システムはそろそろ限界に来ているのではないか、という疑問は多くの人々に共有されているものの、満足のいく答えは得られていない。

ジョヴァンニ・アリギ（Giovanni Arrighi）はその著書『長い二〇世紀』(1)の中で、歴史には長期的な資本蓄積サイクルが存在するとしており、イタリア（ジェノバ）・サイクルからスタートし、オランダ・サイクル、イギリス・サイクル、アメリカ・サイクルと続き、現在はアメリカ・サイクルの最終局面であると論じている。

従って有史以来、資本主義には大きく四つのサイクルがあったことになり、どのサイクルも一世紀以上続いている。また新しいサイクルほどその期間が短くなっているのが特徴である。表序－1に四つのサイクルを示す。

一般には、資本蓄積が過剰に進みマネーが余ると、貨幣需要が減少して金利が低下する。生産が拡大している間は資本主義の健全性は維持されるが、生産拡大が限界になるとマネーは新たな投資先を求めてさまようことになる（金融の拡大）。従って、各サイクルの終末期は金融拡大局面の限界点であるため、著しい金利の低下が起こり易く、実際に金利はそのような挙動を示している。

表序－1　資本蓄積サイクルの歴史的変遷

サイクル名	時　期	期　間	概　要
ジェノバ・サイクル	1460年～1640年	180年	イタリア都市国家の金融資本蓄積
オランダ・サイクル	1640年～1800年	160年	アジア進出と金融技術の高度化
イギリス・サイクル	1800年～1940年	140年	産業革命とパックス・ブリタニカ
アメリカ・サイクル	1940年～現在	?	超大国による世界覇権システムの確立

（出所）アリギ（2009）を基に著者が作成。

図序－1に過去五〇〇年にわたる長期金利の動向を示した。各サイクルがスタートすると、徐々に金利の低下が起こり、最終局面では相当程度の低金利となっていることが確認できる。金利低下（投資収益の低下）が極限まで進むと、その枠組みは維持できなくなりいったんリセットされる。その後、再構築された新しい枠組みの下では旺盛な資金需要があるため、金利は一気に上昇することになると考えられている。イタリアからオランダに経済覇権が移ると、金利は一％台から六％台に急騰し、オランダから英国、英国から米国へシフトする際にも、同様に金

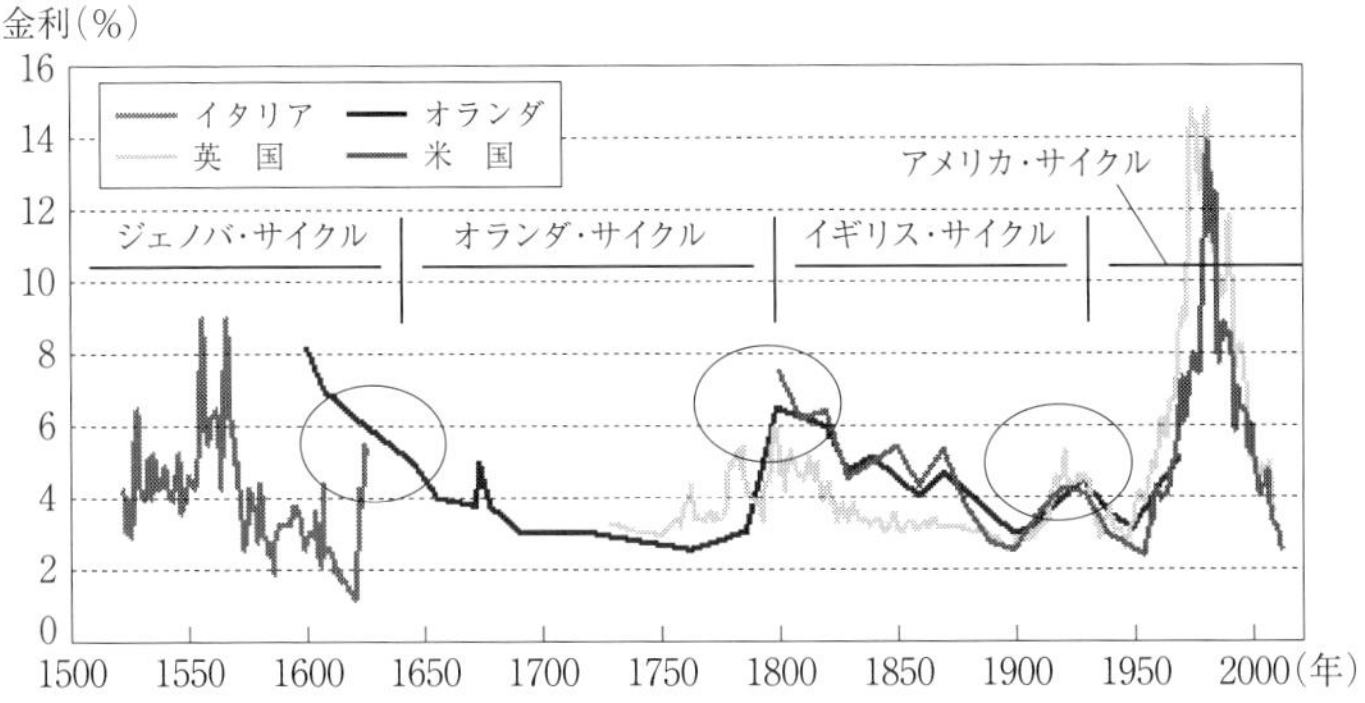

図序-1　過去500年にわたる資本蓄積サイクルの変遷と金利推移

(出所) The Capital Tribune Japan.(2)

利が高騰したことがわかる。

この中で位置づけがはっきりしない唯一の現象が、一九八〇年前後の驚異的な金利上昇であり、この金利急騰が次のサイクルの始まりを表しているのか、サイクル途中のちょっとした乱降下なのかは、不確定要素を多く含む事象として広く議論されている。

しかし、「資本主義の構造変化」といった観点からこの点を分析してみると、次のようなことが見えてくる。つまり、東インド会社から始まって一九七〇年代半ばまでの資本主義の構造は、「地理的・物理的空間」で構成され、成長バランスを維持してきた。つまり、「安く買い叩ける地域」や「高く売れる地域」を求めて、常に地球上の空間を広げてきたわけである。そして、オイルショックに前後して、地理的・物理的空間的には限界に至った。そこで、近代の錬金術と注目された金融工学の台頭を呼び起こすこととなったのである。

「電子・金融空間」の誕生により、レバレッジを極限ま

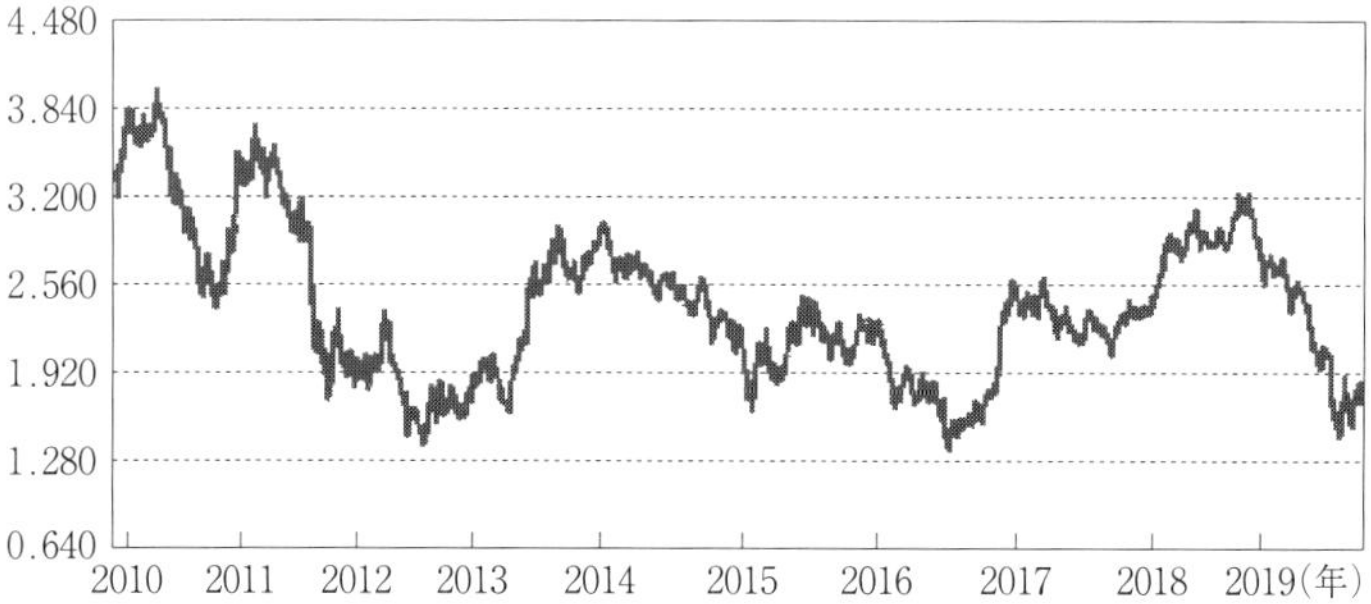

図序-2　米国10年金利国債利回り

（出所）https://nikkeiyosoku.com/dgs10/（2019年10月15日閲覧）。

で高めることで金融による利潤の極大化を目指すこととなり、その状況に従う形で金利の上昇を見たものと考えられる。実際に、インターネット・ブームを生じ、その後ＩＴバブル崩壊の負の影響を打ち消すために、欧米では住宅ブームが起きた。そのブームを起こすためにクレジット・デフォルト・スワップ(3)など証券化商品が大きな役割を果たしている。その結果、一九九五年からリーマン・ショック前の二〇〇八年までの一三年間で、世界の「電子・金融空間」には一〇〇兆ドルを超えるマネーが創出された。つまり一九八〇年前後の驚異的な金利上昇は金融工学が創り出したものと言える。それは、「虚像サイクルの始まり」であったと、考えることはできないだろうか。

現在、全世界的な信用収縮が発生し、相次ぐ緩和策でマネーの総量が増大している。だがそれに見合うだけの需要はなく、図序-2に見られる通り米国では異常な低金利が続いている。「本当の危機が起こるのはこれからで、新しいサイクルが姿を見せるのは、その先なのかもしれない」、といった極めて不透明性、不確実性の高い世界経済環境下においては、新たなリスクを取り続けないことには、企業の存続は困難となるのであろうか。

巨大IT企業の台頭

今や世界を席巻しているグーグル（Google、以下「グーグル」という）、アップル（Apple、以下「アップル」という）、フェイスブック（FaceBook、以下「フェイスブック」という）、アマゾン（Amazon、以下「アマゾン」という）。世界を代表するこれらの米国のIT巨人企業たちがGAFAと呼ばれるようになったのは、まだ最近のことである。

GAFAの動向が注目される理由は、株式市場や個人の生活、さらに政治に至るまで、彼らの存在が大きく影響を及ぼしているからである。強さの要因は、スマートフォン、SNS（ソーシャル・ネットワーキング・サービス）、EC（電子商取引）といったカテゴリーにおける圧倒的な市場シェアにあることは疑う余地もない。また、既存の事業領域に限らず、プラットフォーマーとして自動車、住宅等の実空間まで含む新しい分野に進出している。このような飽くなき成長の追求が株式市場では多大な利益を生み出すこととなる。しかし、一方で多くの競合企業には多大な恐怖を与えているのも事実である。

次にGAFA各社の株価推移チャートを図序‐3に示している。いずれのチャートからも成長のスピードとその規模がわかる。

グーグルの株価は二〇一八年八月八日時点で一二六一ドル。業績に比例するように四年間で二倍の

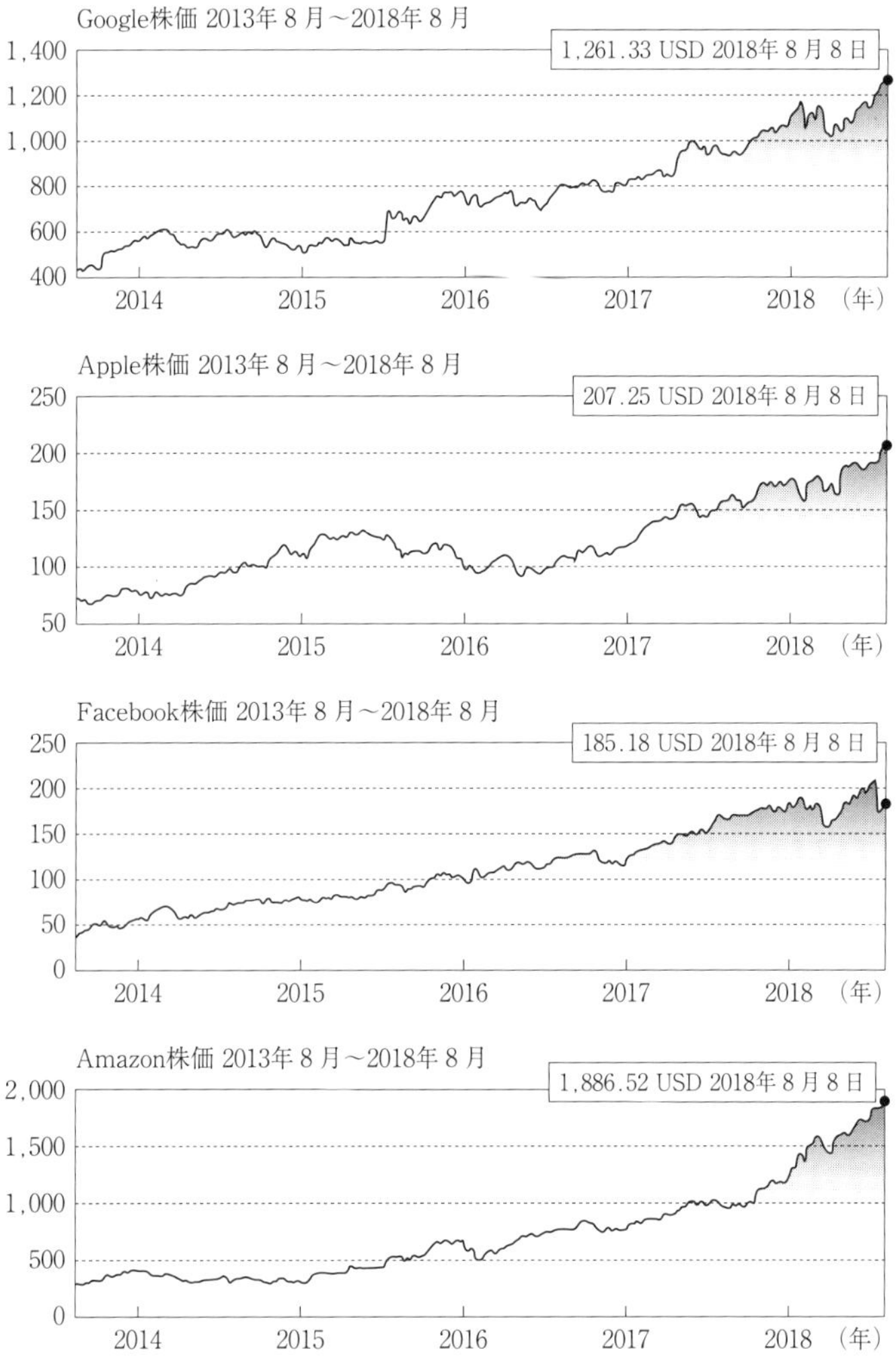

図序-3　GAFA の株価推移

（出所）Yahoo！Finance, https://stocks.finance.yahoo.co.jp/us/detail/（2018年 8 月 8 日閲覧）。

伸びを示している。アップルの株価は五年間で三倍以上に伸びている。フェイスブックはGAFAの中では規模は比較的小さいものの、成長力は注目に値する。アマゾンの株価は、二〇一八年八月八日時点で一八八六ドル。五年間で六倍、三年間で三倍に伸びている。

成功するビジネスと覇権の遺伝子

ニューヨーク大学スターン経営大学院教授スコット・ギャラウェイ（Scott Galloway）(4)は、「成功するビジネスはどれも、体の三つの部位のどれかに訴えかけるものだ」との説を展開している。三つの部位とは、「脳・心・生殖器」である。つまり、「理性・感情・生存本能」を司る部位である。GAFAとそれぞれ部位との関係を整理すると以下のようになる。

【脳】コストと利益を重視し、良いことと悪いことを瞬時に天秤にかける。

グーグル　•脳に話し掛け、それを補足し、長期の記憶をほぼ無限のレベルにまで増幅させる。
　　　　　•消費者に最高の回答を、これまでのどの組織よりも素早く安く与えてくれる。その結果、スマートフォンで、いつでもどこでも必要な情報が検索できる。

アマゾン　•脳と、ものをつかむ指――より多くのものを手に入れようとする狩猟、採集者としての本能――とをつなぐ。

その結果、多くの商品が手軽に安く、早く手に入る仕組みを構築した。

【心】私たちの行動のほとんどは感情によって動かされている。心は脳の意思決定を覆すことが可能。

フェイスブック
・重要なのは感情だ。人間は社会的な生き物である。一人では生きられない。
・より強力なマルチメディアのコミュニケーション手段を提供することで、より多くの人々とつながりを拡大する。
その結果、人々が求める他者とのつながりを大きな収益源へと変えた。

【生殖器】この器官は子孫を作るという切実な本能と欲望を刺激する。時として脳の発する警告を凌駕する力がある。

アップル
・性的な魅力を手に入れたいという私たちの気持ちに訴える。
・自分たちを天才、哲人と見なし、違う考え方をして世界を変えようとしている。
その結果、コンピューター企業から「高級ブランド」への脱皮に成功。

さらに、非常にユニークであるがGAFAに共通する「覇権の八遺伝子」についての分析がある。それは、①商品の差別化、②ビジョンへの投資、③世界展開、④好感度が高い、⑤流通をコントロール、⑥データを活用、⑦人材を集める力、⑧地の利（トップレベルの大学に会社が立地）、である。特に、

⑤から⑧は特筆すべき点である。三つの部位に働きかけるコンセプトと八遺伝子は極めて戦略的であり、リスクテイクマインドが前面に強く押し出されてくる有様には驚かされる。

また、米中貿易戦争における中国サイドのプレイヤーも見逃すことはできない。それは、ＢＡＴＨと言われる、バイドゥ（Baidu）、アリババ（Alibaba）、ファーウェイ（Huawei）、テンセント（Tencent）である。メインターゲットとする市場こそ違いはあるものの、世界最大の消費マーケットを抱える中国国内での彼らの成長速度と最新テクノロジーの吸収力は大きな脅威である。

国家の枠を超える企業への規制

他方、強大な覇権集団となりつつある彼らに対して、各国政府は様々な規制を検討し始めている。これはＧＡＦＡおよびＢＡＴＨに限らず、将来積極的なリスクテイク、つまり戦略リスクをマネジメントする企業にとっても大いなる関心事である。具体的な規制内容は次の通りである。

①ユーザーをだます形でデータを収集するデザイン、いわゆる「ダークパターン」を禁止。合意事項や通知に対する同意ボタンをユーザーが押しさえすれば、ＩＴ企業がほぼ無制限のデータ使用や販売ができる現状に、「ユーザーの同意の取り方の合法性」という規制の網がかぶせられる可能性を示唆している。仮に実際に立法化されれば、テクノロジー企業のビジネスモデルの自由度

や収益が大きな影響を受ける恐れがある。具体的な規制対象として⑴ウェブサイトやサービスを使用中のユーザーの画面に突然割り込んで、企業側に都合の良い何かに同意を得るまで邪魔をし続ける、⑵企業側に不都合な選択肢を提示しない、あるいは隠す、⑶プライバシー尊重のユーザーオプションを見えにくくして、そうした選択を妨害する、などがある。

②「情報インフラ」も、規制のツールボックスに加わる恐れがある。例えば、アマゾンが自社ウェブサイトに出品するサードパーティー業者のデータを、利益相反になる形で悪用していないか、など、ＩＴ企業の情報インフラの使い方にもメスが入る可能性がある。

③「金融政策」は大きな規制の柱の一つとなる。これは、テック大手が金融当局や政府の規制をかいくぐって暗号通貨のコンソーシアムなどを運営する計画に対し、逆に暗号通貨からテクノロジー企業の本業規制に踏み込もうとする動きとなると考えられる。特に、フェイスブックが主導して二〇一九年六月一八日に立ち上げた暗号通貨リブラ（Libra）に対しては、早くも資金洗浄（マネーロンダリング）やデータ・プライバシー管理の懸念が強まっており、七月に入って米議会での追及も始まっている。

④「著作権」に関する規制は避けては通れない。それは、ＩＴ企業を出版社とみなし、コンテンツに対してアカウンタビリティーを負わせることによって、規制を行うこととなろう。例えば、フェイスブックやツイッター、グーグル（YouTube を含む）などが、ウェブサイト上に掲載される記事について公平性や責任を追及されることになれば、莫大なコストと検閲体制が必要となり、

効果的にこれら企業の権力や影響力を制限することが可能となる。

⑤依存症防止の観点であり国際的な健康指標である国際疾病の新基準の一つとなり得る「有害物としての規制」が、新たに認知されつつあり国際疾病分類(5)（ICD: International Statistical Classification of Diseases and Related Health Problems）に追加される可能性がある。これは、フェイスブックなどのソーシャルメディア（SNS）をタバコのような「有害物」として扱う規制である。多くの研究でSNSが依存症を生み出すことが判明しており、フェイスブックをタバコ・酒・ギャンブルと同様に規制する必要があるとされている。例えば、タバコ製造者は製品の内容開示をはじめ、製造処理過程をオープンにして、メーカーと消費者の間に存在する情報の非対称性を縮小させることが義務づけられている。そこでフェイスブックのニュースフィードで使用されるソースコードも、同様に開示や検査の対象となるべきだ、とされておりIT企業のビジネスモデルの根幹に監視の目が入ることを意味する。

⑥「データ価値の開示」は個人情報の経済的価値を対象としたものである。ユーザーのデータを取得する企業に対し、取得したデータの金銭的価値を開示するように義務づけるなど、一億人以上のユーザーを抱える企業は、データの公正な評価、およびそれらのデータが生み出した収入の額を開示しなければならなくなる。こうしたデータには、属性などの個人情報だけでなく、プラットフォーム上でのアクセス履歴の追跡によって得られるユーザーの生活や性格分析に関わるもの、それを基礎にした解析も含めるべきとの意見もある。

このような数々の規制強化の潮流は、従来の「政治が経済に従う」時代に終わりを告げ、「資本の論理や効率性ではなく、政治の論理や安全保障が優先される」時代へのパラダイムシフトとなる。特に、国際暗号通貨のリブラが成功して国家の力を脅かすような事態が起これば、政治家たちや当局者は黙っていない。当局の関心は、リブラが通貨発行権をもつ事実上の中央銀行になり、フェイスブックなどカリブラ（Calibra）(6) コンソーシアムが、担保となる各国通貨の生み出す莫大な利息を収益源とすることに向けられている。

さらに、リブラが爆発的に普及した場合には、人々が米ドルやユーロや日本円ではなく、リブラの価値を取引の基準にする可能性が当局を刺激することとなる。中央銀行の引き締めや緩和などの金融政策に、経済が反応しなくなる恐れもある。また、暗号通貨取引が禁止されている中国やインドという人口一〇億人を超える巨大市場、さらに北朝鮮のような経済制裁対象国でリブラは使えないという建前になっているが、個人が何らかの方法でリブラにアクセスして現地法違反や経済制裁逃れを行う可能性を排除しきれない状況の中でも、フェイスブックは企業連合からなる「準独立国家」になる潜在性を秘めていると警戒され始めている。世界の中央銀行たる「フェイスブック銀行」がローン、信用、送金や商業に関して自らルールを作り出し、国家の規制に服さないといった未来像である。フェイスブックはバーチャル国家として、独立した経済圏を打ち立てようとしていると見なされており、その国家的プラットフォームは選挙で民主的に選ばれたリーダーによって統治されるのではなく、コンソーシアム独裁に支配されるといったシナリオである。

これは民主主義や資本主義を根本から覆す歴史的な大変革となり得るわけであるが、そのことは表層的な経済や社会の構造変革に留まらず、国際社会と国家、そして一人ひとりの人間の価値観と存在意義といった潜在的根源的な核心への挑戦を意味する。

台頭する巨大覇権企業は、ますます影響力を増大化させるであろう。そして、これまで以上に規制を強化する国際社会と国家はそれぞれの主権争いと共に、彼らを凌駕する存在を封じ込め、手懐ける方策に奔走することとなる。そのような環境下における企業経営は、適応能力の飛躍的向上と未知なる進化が希求されている。

グローバルリスク下における企業経営

世界経済フォーラム(7)が公表している「グローバルリスク報告書　二〇一九年版」では、今後一〇年間に起こりうる世界的なリスクとして、図序-4の通り影響・被害の大きさおよび発生確率の高さから環境関連のリスクが最も重大だと報告している。しかし、サイバー攻撃、重要情報インフラの故障、データの不正利用、または窃盗、技術進歩の悪影響や新しい技術の悪用、財政危機、主要国における資産バブル等も、企業経営環境には非常に大きな影響を与えるリスクである。

二〇二〇年に入ってからは、感染症の広がりに該当する「新型コロナウイルス」によるパンデミック」が世界で猛威を振るっている。終息の兆しは未だ見出せず、二〜三年を要するとの専門家による

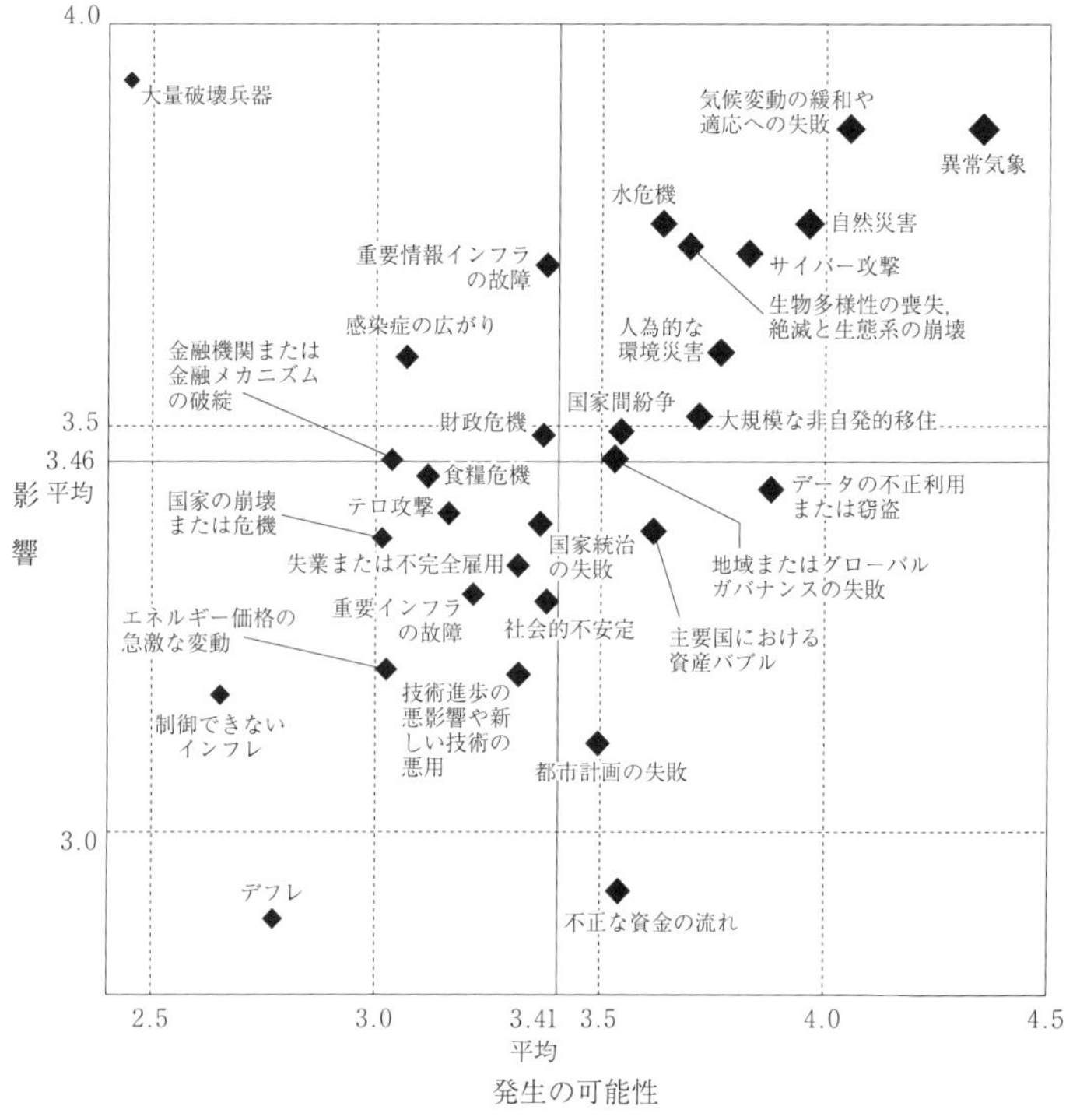

図序-4　2019年のグローバルリスクの展望

（出所）世界フォーラム『第14回グローバルリスク報告書2019年版』。

見方が強い。世界経済への影響は甚大であり、二〇〇八年のリーマン・ショックによる影響を遥かに凌ぎ、一九二九年から始まった世界恐慌をも上回るとの想定がなされている。サプライチェーンの大幅な見直しに留まらず、企業経営そのものの変革が避けられない状況である。

さらに大きくなる不確実性と不寛容な混沌、変容する価値観、異次元化する経営環境の中で私たちは価値創造を継続的に成すためには、如何に自ら新しい機会、つまり戦略リスクを創出し、いかに経営戦略を策定・実践していけばよいのだろうか。

今なぜ、戦略リスクマネジメントが求められているのか

二一世紀も二〇年が経過しようとしている現在、世界経済の不透明感の増大、金融・仮想空間における資本主義の変貌、GAFAに代表される強大IT企業による異分野統合機能（プラットフォーム機能）の巨大化、各国政府による規制強化と主導権争いの激化等、経営環境が激変する中で、二〇世紀型の経営管理手法は完全に行き詰まりを見せており、世界は企業を存続させる大道の光明となり得る新たな経営管理の旗手を希求して止まない。

企業価値の創造とそれに伴う恩恵の分配、まさに「新たな価値文化の誕生と伝播の大潮流」に重要な鍵が隠されていると思われる。そのためには、まずは企業価値の源泉となる「戦略リスク」の創出が重要であり、その次に大いなるリスクテイクマインドよる戦略計画の立案と意思決定、そして実践

のナビゲーターとしてのリスクマネジメントの新たなスキームが必要となる。

本書では、戦略リスクマネジメントを実行し得る組織体制の潜在的な可能性を探りつつ、最適な組織体制を探求し、経営管理としてのリスクマネジメントの対象としての戦略リスクを定義する。さらに、先進的企業の事例から戦略リスクマネジメントの活用実態の検証を試みる。

これまで理論や概念としての「戦略リスクマネジメント」は多く論じられてきた。しかし、企業が実践するに資する情報源としては、必ずしも十分とは言い切れず、より機動的で効果的なタクティクス・スキームが求められている。本書における企業のリスクマネジメント活動の実態調査、戦略リスクマネジメントの展開方法に関する見解と知見は、企業の存続をかけた新たな企業価値創造の根本的解決に、戦略リスクマネジメントの理論と実践の観点から貢献できるものと考える。

戦略リスクマネジメントが有効に機能する条件を、「企業の組織体制」と「意思決定プロセス」の視点から論じている点は、これまでに研究報告されておらず、極めて革新的独創的である。また、企業における「戦略リスクの創造力」に着目した企業価値の創造スキーム構築に関する提言は新たな価値転換のエポックとなるであろう。

本書では、リスクマネジメント、戦略リスク、経営戦略、意思決定に関する先行研究をレビューし、企業価値創造に資する戦略リスクを対象としたリスクマネジメント組織体制に関する仮説を設定した。次に東京証券取引所上場企業を対象に、戦略リスクを対象としたリスクマネジメントの運用状況を検証、調査して、データベース分析、アンケート調査（対象企業数二三一社／回答率三九・八％）、インタビュー調査（対象企業数九社）を実施した。そしてそれらの結果から戦略リスクマネジメントを機能させる組織意思決定プロセス、戦略リスクの創造力と企業の実践方法を論じた。

経営戦略型リスクマネジメントを組織内で展開している企業は、東京証券取引所のすべての上場企業を対象としたデータベース分析では、およそ二八％、同所一部上場企業から抽出した企業を対象としたアンケート調査では八二％であった。このことから、一部上場企業においては、戦略リスクとパフォーマンスリスク（企業価値を具体的に向上させるための業務遂行上のリスク）を統合した、リスクマネジメントの基本スキームとなる全社的経営戦略型リスクマネジメントを展開している、もしくは今後展開する潜在的可能性が高いことが判明した。また、全社的経営戦略型リスクマネジメントへの組織体制適合判定基準として、三類型を指標とすることにより評価することが可能となった（第7章で詳述。図7‐1、図7‐2、図7‐3参照）。実際にCOSO　ERM：二〇一七を活用している企業では、図7‐2を基本型としてリスクマネジメントを展開している事例が確認された。意思決定は経営組織そのものであること、意思決定の対象、その意思決定にかかわる権限の分布（組織体制）と付与の状態、権限行使とそれに伴う結果とモニタリング機能、取締役会への報告等が、経営組織の質、つまり意思決定の質を決定する要因となりうると考えられることから、タイプⅡを選択する確率は必然的に高くなることが想定される。

本書では戦略リスクを、「企業の存亡に大きな影響を与える経営環境の変動に内在する不確実性。意図した事業戦略を遂行する能力を大きく低減させる予期せぬ事象とその状態」と定義した。また、外観上の組織体制による評価を補い、機能を評価する指標が必要となることから、ここでは、基本コンセプトと統合プロセスの観点より、戦略リスクとパフォーマンスリスクを統合したリスクマネジメントの評価指標を提言している。

註

（1）Arrighi, Giovanni (1994), *The Long Twentieth Century: Money, Power, and the Origins of Our Time*, Verso.「長い二〇世紀」とは、アメリカが覇権を握る世界経済システムが始まり、それが終わるまでのサイクルを指している。このアメリカのサイクルを、イタリア・ジェノバのサイクル（一五〜一七世紀）、オランダのサイクル（一七〜一八世紀）、イギリスのサイクル（一九〜二〇世紀）と比較しながら、壮大なスケールで分析したものが本書である（柄谷利恵子・境井孝行・永田尚見訳『長い二〇世紀――資本、権力、そして現在の系譜』作品社、二〇〇九年）。

（2）The Capital Tribune Japan：経済／金融情報を提供する新しいインターネット・ニュース・メディア。「実証分析」をベースに、データや事例などを用いた客観的な検証が評価されている。

（3）クレジット・デフォルト・スワップ：デリバティブ、特にクレジットデリバティブの一種。特定の会社等が倒産したとき等に、一方の当事者から他方の当事者に、あらかじめ定められた範囲の金額が支払われる。銀行の自己資本比率を高める手法の一つとしても利用される。

（4）Scott Galloway：米ニューヨーク大学スターン経営大学院教授。経営学修士（ＭＢＡ）コースでブランド戦略とデジタルマーケティングを教える。起業家として九つの会社を設立。二〇一二年「世界最高のビジネススクール教授五〇人」に選出。著書に *The Four: The Hidden DNA of Amazon, Apple, Facebook, and Google.*（渡会圭子訳『the four GAFA ――四騎士が創り変えた世界』）。

（5）国際疾病分類（ICD: International Statistical Classification of Diseases and Related Health Problems）：正式名称は、疾病及び関連保健問題の国際統計分類。世界保健機関（WHO: World Health Organization）が作成する国際的に統一した基準で定められた死因及び疾病の分類。我が国では、統計法に基づく統計基準として「疾病、傷害及び死因の統計分類」を告示し、公的統計（人口動態統計等）において適用している。また、医学的分類として医療機関における診療録の管理等においても広く活用されている。

（6）Calibra：仮想通貨（暗号資産）を扱うためのデジタルウォレットを提供する子会社の名称であり、同社が提供する暗号資産リブラ（Libra）用のデジタルウォレットとのことである。

（7）世界経済フォーラム：経済、政治、学究、その他の社会におけるリーダーたちが連携することにより、世界、地域、産業の課題を形成し、世界情勢の改善に取り組む、独立した国際機関。ジュネーヴに本部を置きスイスの非営利財団の形態を有している。一九七一年にスイスの経済学者クラウス・シュワブにより設立された。

第Ⅰ部　理論編

第1章　リスクマネジメントの基本理論

リスクとは

リスク（Risk）とは、①事故（Peril）、②事故発生の不確実性（Uncertainty）、③事故発生の可能性（Possibility）、④ハザード（Hazard）の結合、⑤予想と結果との差異、⑥不測事態（Contingency）、⑦偶発事故（Accident）、⑧危機（Crisis）、⑨危険状態（Danger）、⑩脅威（Threat）などと解釈される。このことからもわかるように、リスク概念は極めて複雑であり、その決定要因も含めて奥行きのある概念である。リスクは将来の出来事に関するものであり、リスクは個人活動であれ組織活動であれ、将来の人間生活の中に様々な形で入り込んでくる。現実に存在し得るあらゆるもの、森羅万象はすべて関連性を有しており、内在するリスクの膨大なネットワークとも言える。そこには不確実性が存在し、発生する結果事象を完全にコントロールすることは不可能である。存在すること自体がリスクであり、不確実性を包含しながら相互の関連性により新たなリスクを生み出すこととなる。

リスクの本質を追求することは哲学的な探求であり、私たちの意思決定はリスクを生成するリアクターとなる。つまり、リスクの源泉は「自然や環境の変化と人間の係わり」を始まりとし、「意思決定の拙劣や決断の失敗」にあり、四つの決定要因の欠如、①管理の欠如（Lack of control）、②情報の欠如（Lack of information）、③時間の欠如（Lack of time）、④感性の欠如（Lack of sensibility）であると考えられる。

リスクマネジメントの基本スキーム

リスクマネジメントには、狭義の意味でのリスクマネジメントと広義の意味でのリスクマネジメントがある。前者は、予防管理であるリスクマネジメントである。後者は三のフェーズから構成され、予防管理であるリスクマネジメント、危機発生時におけるＢＣＰ（Business Continuity Plan）などの危機管理・クライシスマネジメント（Crisis Manaagement）、そして復旧（Recovery）・復興（Reconstruction）管理である。

広義のリスクマネジメントは別の側面から解釈すると、①すべてのフェーズに共通する導入対策、②事前対策、③渦中対策、④事後対策、とも言うことができる。「導入対策」とは、リスクマネジメントを組織内に浸透・定着させることであり、経営者による意思決定プロセスの最適化と組織化が必須条件となる。「事前対策」とは、リスクやクライシスに対する予防対策であり、リスク・アセスメントの結果に基づきリスク防止対策を策定、実行し、未然に防止する対策である。「渦中対策」と「事後対策」はほぼ同一の対策として実行される。リスクが増加しクライシスが拡大している場合に、安全確保と情報確保を最優先として、被害拡大防止（リスクの連鎖反応に伴う複合災害など）・リスクの多様化への最善対策を講じることになる。何よりもリスク・ファイナンスは次に取るべき事後対策の必須要件となる。事後対策においては、クライシス・コミュニケーション（Crisis Communication）を念頭に置いた情報発信機能が極めて重要である。

リスクマネジメント・プロセスは目的の決定を起点とした、①リスクの特定、②リスク分類（純粋リスクと投機的リスク）、③リスク分析評価、④リスク対策（リスク処理手段）の検討と意思決定、⑤計画の実行、⑥結果の監視とフィードバック、といった一連の活動となる。このプロセスは、定期的なPDCAサイクルを基本とし、スパイラルアップの改善を継続的に図ることが求められる。

リスク特定

リスク特定（Risk Identification）は、「リスクの発見」「リスクの洗い出し」とも称され、リスクを発見・認識し、記述するプロセスである。起こりうるすべてのリスクおよびすべての目的に対する不確実性の影響を特定し、包括的なリスク一覧を作成する。リスクは無限に存在するが、ある一定のリスク基準に基づいて、リスクマネジメントの対象となるリスクを決定することが目的となる。リスクが一度顕在化することで、組織の存続自体が危うくなる場合もある。特定すべきことは、リスク源（Risk Source）、事象（Event）、それらの原因と起こりうる結果（Consequence）であり、目的に影響を与える事象の結末（Outcome）である。一つの事象による結果が複数の場合もあり、初期の結果が、連鎖的、段階的に拡大する場合もある。また、結果は、確実性と不確実性の両面をもっており、定性的定量的に表現することとなる。リスク特定において指標とすべき点として、①どのような可能性があるのか（人的リスク、物的リスク、責任リスク、費用リスク）、②どのような損失の形態であるか（人的損失、物的損失、債権回収不能、利益損失、損害賠償責任）がある。また、リスク特定の三様相として、リスクは隠れている（Risk hides.）、リスクは変化する（Risk changes.）、リスクは繰り返す（Risk repeats.）、を基準に含むことは重要である。

リスク分析評価

リスク分析の目的は、リスクの性質および特性を理解することである。リスク分析には、不確実性、リスク要因、結果、起こりやすさ、事象、シナリオ、管理対応策およびそれらの有効性に関する詳細な考察がある。リスク分析の結果は、リスク評価へのインプット、リスク対応の必要性に関する判断、そして最適な対応戦略および方法の決定へのインプットとなる。リスク分析は、特定したリスク事象の結果（Consequence）と発生確率（Probability）の決定から構成し、その結果と発生確率を組み合わせ、リスクレベル（Level of risk）が決定される。また、結果および発生確率に影響を与える要因も同時に特定することが望ましい。

リスク分析の方法には、定量分析または半定量分析、定性分析がある。定量分析は、結果とその発生確率を実用的な値で算定し、状況設定の際に定義された具体的な単位でリスクレベルの値を算出する方法である。リスクの定性分析とは、過去のデータが存在しなかったり、データのばらつきが大きすぎて利用できない場合に有効であり、直感的に推定したり、過去の経験を加味してリスク分析を行うことである。各リスクの結果および発生確率を、高い・普通・低い（高・中・小）のようなリスクレベルまたはランクで示し、結果と発生確率とを組み合わせる事もあり、リスク・レベルを定性的基準に照らし合わせて判定する。半定量分析は、結果および発生確率に関して数値に評定尺度を用いて、その二つを組み合わせてリスクレベルを導き出す方法である。また、特定の事象が発生したと仮定して、その影響を分析するプロセスである結果分析（Consequence Analysis）や、リスクが引き起こす最終的な影響を把握する手段としてのシナリオ分析（Scenario Analysis）などがある。代表的なシナリオ分析には、イベント・ツリー分析（ETA：Event Tree Analysis）とフォールト・ツリー分析（FTA：Fault Tree Analysis）がある。リスク・カーブやリスク・マトリックスのような可視化による分析指標もある。

リスク評価（Risk Evalution）は、リスクの頻度または確率などの受容可能、または許容可能の可否を決定するために、リスク分析の結果をリスク基準と比較するプロセスである。リスク評価の目的は、リスク分析の結果をリスク基準と比較して、リスク対応における意思決定の基礎的なデータを提供することであり、①それ以上何もしない、②リスク対応のオプションを検討する、③リスクをよりよく理解するためにさらに分析を行う、④既存のコントロールを維持する、⑤目的を再考する、などの決定が含まれる。リスク評価の基準としては、①影響度、②発生可能性、③顕在化に至る速度、④対応策の有効性、の四つである。一方、リスクを一括して管理する手法として、リスク・ポートフォリオ（Risk Porfolio）がある。リスク・マトリックス（Risk Matrix）に、リスク許容度（Risk Tolerance）とリスク選好（Risk Appetite）を設定することにより、リスク・ポートフォリオとして管理すべきリスクの範囲を可視化することが可能となる。その結果、個別のリスクに対する最適化だけでなく、組織全体のリスクに対する最適化を目指すリスクマネジメントが実現できる。

リスクコントロールとリスクファイナンス

リスク対応策の決定アプローチはリスクトリートメント（Risk Treatment）と称し、リスクコントロール（Risk Control）としての未然防止・事故防止・災害対策と、リスクファイナンス（Risk Finance）としての資本留保・保険付保・緊急資金調達の二つで構成される。具体的な対策手法として、

①「回避」、②「軽減・除去」、③「移転・転嫁・共有」、④「保有・受容」の四つがある。①および②はリスクコントロールであり、③および④はリスクファイナンスである。リスクの「保有・受容」には、「積極的保有・受容」と、「消極的保有・受容」がある。

リスクトリートメントでは、選択の基準を明確化しなければならない。意思決定の判断基準は、最小の費用で最大の効果を得ることが求められる。従って、選択基準は最良化、適正化、満足化の何れを最優先するかを明確にしておかなければならない。いわゆる「トレードオフ」における最適なバランスを保たなくてはならない。

第2章　戦略リスクマネジメントの展開

リスクマネジメントに関する研究

リスクマネジメントの対象である「リスク」という言葉は、イタリア語のリズカーレ（Risicare）という言葉に由来し、「勇気をもって試みる」という意味をもっている。つまり、元来リスクは運命というよりは選択を意味する。[1] また、リスクとは目的に対する不確かさの影響であり、[2] 将来の結果や事象に関連する不確実性である。企業活動の視点から解釈すると、「利益・損失またはキャッシュ・フローにおいて、不確実な事象から生じる予期されうる変動」[3] とも言える。従って、リスクマネジメントとは価値ある結果への脅威であるリスクを統制し、価値ある結果を得ることを可能とする選択を実行するための組織活動と言える。

古典的リスクマネジメント――一九九〇年代以前

リスクマネジメントに関して初めて研究報告がなされたのは、ライトナー（Leitner）の『企業リスク論』（一九一五年）である。これは第一次世界大戦後の一九二〇年代ドイツにおける驚異的なインフレ経済の中で、いかにして企業を存続させていくべきかという企業防衛対策、いわゆるリジコポリティク（危険政策）に影響を与えた。リスク概念として、リスク特定・体系化、重要リスク、リスクの予測性、リスクプレミアムなどに言及。さらに、リスク対応に重点を置き経済危機対策への指標を示している。(4)

一九一六年にはフランスでファヨール（Fayol）により『産業ならびに一般の管理』が出版された。その中における保全的活動（財貨と従業員の保護）は、リスクマネジメント論の原点と見なされている。また、管理の要素として、計画、組織、命令、調整、統制の五つを挙げている。この五要素は様々な経営管理論者により検討された結果、予測（Plan）－命令（Do）－調整（See）のマネジメント・サイクルとして後の時代に定着することとなる。(5)さらに、アレン（Allen）らは、計画（Planning）、組織（Organizing）、指揮（Leading）、統制（Controlling）からなる管理過程を主張している。これはリスクマネジメント・サイクルの基礎となっている。

特に、リスク処理の計画を、①リスクの調査・確認、②リスクの評価・分析、③リスク処理手段の選択、④リスク処理予算の編成、⑤リスク処理実施計画の設定、の五つに細分化している。(6) これはリスクマネジメントの基本アプローチであり、オペレーショナル・リスクへの対応を基本とした欧州や日本に、初期のリスクマネジメントのスタイルを提供することとなった。管理能力論に関しては、企業のいずれの階層組織に所属する者であっても保全的能力を備え、かつ保全的活動に従事することを指摘している。これはトータル・リスクマネジメントの考え方であり、それぞれの階層において最適とされるリスクマインドを有した全社員により、リスクマネジメントが展開されることを意味している。「保全的職能」の定義と機能に関しては、前述の通り「資産と従業員の保護」である。五つの管理要素である、「計画、組織、命令、調整、統制」ごとに「資産と従業員の保護」が検討される。「計画」においては、特に企業経営における予測の重要性を説いている。「予測とは将来を算定し、それに備えることを意味し、その最も有効な手段が活動計画であり、それは目標とされた成果であると同時に従われるべき活動方針であり、克服されるべき発展の諸段階であり、用いられるべき手段である。」と、している。

また、活動計画は、①企業の資源、②進行中の活動の特質と重要性、③将来の可能性、の三点に基づいており、策定作業は最も重要かつ最も困難な作業である。特に、経営者の能力によるところが大きく、活動計画のイニシアティブをとり、その目標と範囲を決定し、共同作業において組織内の各部門の役割を決定、そして全体を調和させるように各部門を調整し、活動方針を決定する。策定された活動計画は、一元性、継続性、柔軟性、正確さを有していなければならず、経営者もしくは責任者にはそれ相応の力量が求められることとなる。

このことは現在のリスクマネジメントにおいても最大の関心事とされている「リスクマインドと経営視点を有する人材の獲得と養成」の重要性を意味する。そして、活動計画はリスク処理の手段としての価値を伴い予算設定がなされ、企業経営資源の最大有効活用に資することとなる。これにより企業目的の達成のための選択を最適化することが可能となる。つまり、最適な意思決定の実行である。この点においてファヨールが説く計画論は、リスクマネジメント論におけるリスク処理計画のプロセスであるリスクの予測、リスク処理実施計画の設定、リスク処理予算の編成等の礎と言える。

ファヨールは、リスク処理計画およびリスク処理予算の材料を、「災害に対する手段、守衛、訴訟、保健衛生業務、保健」の五点としたが、七〇年ほど後にシャルボニエ（Charbonnier）は「リスクコントロール、法的保護、保険」の三点に大別していることからもファヨールの処理計画の先見性は注目に値する。(7)

さらに、組織とは「企業を組織することは、原料・設備・資本・従業員といった企業経営に必要な一切のものを備えることである」とし、経営組織論にも重点を置き、①組織の管理的使命、②組織の構造、③組織構成員の養成、といった三つの基本的な問題を扱っている。組織の構造に関しては〝参謀〟機能に言及している。「全般管理に必要な知識、能力、時間を補う集団であり、階層組織の中に位置づけられず、全般管理からのみ命令を受ける」とし、「参謀」機能を重視している。

現在では、「参謀」機能はスタッフ、あるいはジェネラルスタッフが参謀機能に相当する。保全的職能がリスクマネジメントであるとの理解に基づき、リスクマネジメントを独立した部門として組織することを主張しており、これも現在の組織体制構築の基本に通じる。また命令と保全的機能においては、命令の役割を担う責任者に必要な資質として八点を示しており、いずれも現在のリスクマネジャーとしての資質の必須要因を含んでいる点が興味深い（①従業員について深い知識をもつこと、②無能力者を排除すること、③企業とその担当者を結びつける約定についてよく知っていること、④良き模範を示すこと、⑤組織の定期的な検査を行い、検査においては一覧表を使用すること、⑥会議に主要な部下を招集すること、⑦末梢的な事柄に注意を奪われないこと、⑧従業員の間に活動性・創意・献身をみなぎらせるようにすること）。

また、実際にリスクマネジャーが命令、指導を行う際には、コミュニケーションや動機づけが必要となる。統制と保全的機能に関しては、「企業において、統制はすべてのことが採用された計画・与えられた命令・承認された原則に従って実施されているかどうかを確認することであり、統制はあらゆる事物・人間・行為に適用される」としている。また、統制の活動が量的に多く、質的に複雑となり、一般の従業員によって実行不可能なほど広範囲となった場合には専門機関の設置が必要となるとしており、現在のリスクマネジメント委員会がこれに該当する。そして、リスクマネジメント・サイクルとして次のリスク処理計画への情報提供を行い、スパイラルアップ構造となることにより継続的な改善を可能にしている。

一方、アメリカではリスクマネジメント研究は、コスト管理や保険管理の観点から新展開が示された。ギャラガーはリスク管理や安全にどの程度までコストをかけることが可能なのかとの問題提起をしている。[8] 企業活動においては、コストと期待される効果は常にトレードオフの関係にあり、リスク低減に大きく貢献するからと言って膨大な投資を行うことはできない。なぜなら、火災や洪水による損害に抗するための工場や設備コストは天文学的数字となると共に、保険プレミアムも同時に増加する。具体的な指摘として、いかにリスク分析をするべきか、どのような効果をもってリスクの回避や低減がされると考えられるか、保険手当のタイミングと方法そして保険コストをいかに最小限化できるか、などを言及している。一九六〇年代において、リスクマネジメントの対象とすべきリスクの定義に関して二つの側面が示された。一方は企業活動全般に影響するリスクであり、他方は事件事故発生結果や損失発生事実に起因するリスク（純粋リスク）である。[9] 企業活動全般とはビジネスリスクと理解できる。

レネィはこの観点から、リスクマネジメントを広義に論じている。[10]「リスクマネジメントは、会社のさらされている全てのリスクを分析し、記録するよう期待されている。このプロセスは、数々のペリルのチェックリストに対し、体系的に会社の資産・工程・人員の各々を照合する事から成立している」ビジネスリスク全般を対象としたリスクマネジメントが展開されるには、その後しばらく時間を要することとなる。

一方、事件や事故の発生結果や損失発生のみに起因するリスクについては、メーアとヘッジズ[11]が次のように論じている。「経営管理上の機能としてのリスクマネジメントは、法人の保険管理以上のものであるが、全体のマネジメントの一部であるという立場を採用する。我々は、その機能をある特定のタイプのリスクのマネジメントに制限するべきであり、すべてのリスクを包含すべきではないと考える」。そしてリスクマネジメントについては、「それゆえ、リスクマネジメントとは、保険管理に妥当な組織・基本方針・種々の手法を用いて、様々なリスクについてのマネジメントすることであると定義する」[12]。従って彼らは、リスクマネジメントにおいては企業活動に関わるすべてのリスク（ビジネスリスク）を対象とするのではなく、ある特定のタイプのリスク（純粋リスク）を対象とした。

また、ウイリアムスとヘインズ[13]はリスクマネジメントを「広義におけるリスクマネジメントは、リスクの確認・測定・コントロールを通じて、最小の費用でリスクの不利益な影響を最小化することである。」と定義している。これらの学説は「リスクと保険」の枠組み、いわゆる保険管理論の基礎となった。

一九七〇年代には、リスクマネジメントを「マネジメント」の一領域であるとの認識からリスクマネジメントが論じられた。バリーニなどは企業の資金運用の視点から、「マネジメントの目的とは、ロスコントロールとロスファイナンスの最善の組合せによって、純粋危険の費用を最小化するような企業資金配分を可能とする経済プロセスである。」としている[14]。

これらのことからわかるように、アメリカでは保険管理型のリスクマネジメント理論が発展し、その後、日本へも主に損害保険会社および関連リスクコンサルティング会社によって導入検討がなされることとなった。森宮は「リスクマネジメントとは、経営体の諸活動に及ぼすリスクの悪影響から、最小コストで、資産・活動・稼働力を保護するため、必要な機能ならびに技法を計画化・組織化・スタッフ化・指揮化・統制化するプロセスである。[15]」としている。

一九八〇年代までは主として純粋リスクをリスクマネジメントの対象として研究がなされ、多くの企業での導入事例が観察された。一九八〇年代から一九九〇年代は、リスクマネジメント発展の過渡期であり、亀井は、「最初は純粋危険や保険可能な危険のみに限定した保険管理を中心とするマネジメントであったが、しだいにそれが拡張され、投機的危機をも含む全企業危機にまで拡張され、企業危機の科学的管理の次元まで高められてきた。そのかぎりにおいて、リスクマネジメントは主として自然災害に対する保険対策としての財務管理の一部という枠から大きく逸脱して、生産、販売、財務、労務等の経営の全般にわたるリスクまで包含し、企業のあらゆる活動と業務にまで関係するようになるわけで、リスクマネジメントは企業倒産防止管理として理解しなければならなくなった。[16]」とリスクマネジメントがさらに発展していくことを予期している。

また、マーケティングの視点からリスクマネジメントを研究したグリーンとサーベインは、市場リスクを損失を発生させるイベントの発生に関わる「不確実性」と定義し、リスクマネジメントをリスクテイクの面から発展させる機会の一つとなった。金融効果の観点より、「純粋リスク」を損失のみが発生するリスク、「投機的リスク」を損失と利益が発生するリスクとしている。グルーンとセルベンは、純粋リスクおよび投機的リスクの二つの性質をもつ企業におけるリスクを、資産および人材、金融、生産、環境の五つの側面から言及している。[17]特にマーケティングリスクとして、購買および販売、輸送、保管、情報、標準化の機能に関して具体的なリスクを挙げている。その一つとして、購買および販売機能では、値引きによる価格リスク、流通経路の選択リスク等を挙げている。他方、企業の海外活動であるグローバル・マーケティングにおける重要なリスク（為替レートの変動含む）を、環境リスクの一つとして示している。リスクマネジメントの目的は、企業価値の極大化であり、不確実性や危機から企業組織を守り、安定的継続的に運営する、またステークホルダーの信頼と安心を保障することである。伝統的ビジネスリスクマネジメントでは、リスクが企業に与える損失を最小化させること、また企業の倒産防止を目的としており、基本リスクへの対応は受動的で、リスクは損失の可能性である、との一方向からしか見て来なかった。しかしながら、継続的に企業価値を向上させることをミッションとする現代のビジネスリスクマネジメント、特にイノベーション型のビジネスリスクマネジメントでは、その企業に影響を与えるすべてのリスクは損失と利益またはチャンスの両方の可能性を含んでおり、企業価値にプラスやマイナスの可能性を与える不確実性と言える。またリスクの最適化の観点からも、企業のステークホルダーに対して企業価値を最大化するため、さらに企業価値に関する不確実性により生じる損失の最小化と同時に、リスクに潜むチャンス、利益の最大化を図ることが目的となる。

リスクマネジメントの形態に関して亀井は四つの類型を示している。[18] 類型1は「保険管理型リスクマネジメント」、類型2は「危機管理型リスクマネジメント」、類型3は「経営管理型リスクマネジメント」、類型4は「経営戦略型リスクマネジメント」である。概して類型1および2は、主に純粋危険を管理対象とし、危機管理手法の中核として保険の有効・適切な利用を位置づけ、その前段階において防災や事故防止を考える。類型3および4は、純粋危険だけでなく、投機的危険をも含めて企業危険一般を対象としている。そして、危険処理手段としては保険を重点的に考えず、あらゆる合理的手段や戦略を科学的に活用しようとするものである。

保険管理型リスクマネジメントは財務管理の一部とされ、財務管理は、資本、資金、資産のリスクマネジメントであり、リスクマネジメントを資産の維持管理の一部と考える。この考えは、企業危険のうち最も重要な危険は、物的危険であるとの財務中心の企業観による。企業危機は単に物的危険（物の喪失、利益の喪失）のみならず、人的危険や責任危険も重要な意味をもつ。むしろこれらの危険は常に巨大化する傾向を有している。もし責任危険を物的危険に含めて考え、人的危険の処理を保険管理で対応しても、財務管理の範疇に収めることは事実上極めて困難である。この点からリスクマネジメントを財務管理部門のみで対応することは難しい。

危機管理型リスクマネジメントは、対象とする危機の範囲を確定することができないため、その組織化、体系化を明確にすることは難しい。全般管理および部門管理の全般に及ぶ全社的体制で、主に防災戦略として位置づけられるのが一般的である。

経営管理型リスクマネジメントでは、リスクマネジメントを生産管理、販売管理、財務管理、労務管理、情報管理と並列的関係として把握する。この場合、リスクマネジメントは業務執行権限をもつライン部門として位置づけることとなり、その部門の責任者は高度な専門知識と豊かな経験をもったリスクマネジャーとなる。また、経営管理型リスクマネジメントでは純粋危険と一部の投機的危険を取り扱う。企業のあらゆる分野におけるこの種の危険の処理を、一部門で集中的に取り扱うことは容易ではないが、企業危険の科学的処理を現場管理ではなく部門管理レベルで取り扱おうとするところに、経営管理型リスクマネジメントの意義を見出すことができる。

経営戦略型リスクマネジメントは全般管理と部門管理に対する助言、助力、調整、監視等の機能を遂行するものである。いわゆる危険処理に関する内部コンサルタントとしての機能を果たす。つまり、経営戦略型リスクマネジメントは全般管理や部門管理に対するコンサルタント機能の遂行であり、全般管理や部門管理の意思決定へのサポートや助言に留まることが一般的と考えられる。これら四つの類型の特徴をまとめたのが表２－１である。

注目すべき点として、亀井が「経営戦略型リスクマネジメント」における意思決定に関して次のように論じていることである。「いうまでもなく、意思決定はある事実決定の瞬間のみを意味するものではなく、その決定に至るプロセス全体を意味する。リスクマネジメントにおける意思決定の構成要素として、①情報活動：危険に関する調査と情報収集、分類、整理、②企画活動：情報の評価、分析、危険処理手段の抽出、③選択活動：危険処理手段の比較、検討、選択の三点が考えられる。リスクマネジメント部門は意思決定活動の全部またはそのいずれかに関与し、リスクコンサルタント機能を発揮する事となる」。

その後、リスクマネジメントの機能に関する研究における意思決定の位置づけは極めて重要なこととして論じられるようになった。

表2-1　リスクマネジメントの4類型

	保険管理型 RM	危機管理型 RM	経営管理型 RM	経営戦略型 RM
目　的	危険管理費用（主に保険費用）の合理化と偶発事故からの企業資産の保全管理	経営危機の打開と克服による正常な企業活動の続行	企業危険の克服と財務的安定性の保持を目的とする企業の維持管理	企業倒産の防止と経営戦略リスクの処理を目的とする企業防衛のマネジメント
対象危険	純粋危険（主に付保可能危険）	偶発的，持続的な巨大事故・災害や政治·経済·社会的事件による経営危機（純粋危険が中心）	純粋危険と一部の管理可能な投機的危険	企業危険全般
内　容	保険管理とそれに関連する防災管理	防災管理と戦略業務	保険管理，防災管理，安全管理，準備金管理，キャプティブ管理，各部門管理の危険処理手段	全般管理と部門管理に対する助言，サポート，調整，監視（内部コンサルタント機能）
位置づけ	財務管理の一部（財務管理は資本·資金·資産を対象とし，RMを資産の維持管理の一部と考える），ライン組織	全般管理，部門管理を含めた全社的な緊急組織	独立した部門管理 ライン組織	スタッフ組織（専門スタッフ部門／委員会）または監査役
活　動	業務的意思決定，危機管理マニュアルの活用	危機管理マニュアル内外の活動，決断や戦略的意思決定に伴う活動	管理的意思決定，危機管理マニュアル内の活動	戦略的意思決定への助言，危機管理マニュアルの作成・改訂
問題点	• 人的危険の処理をどう考えるか • 生命保険／社会保険の取扱窓口は何処か	• 組織の形成や指揮・命令系統の確立が困難で，一貫した対策が取りにくい	• 投機的危険のどこまで関与するか • 他部門管理に含まれた危険管理手段(例:品質管理／信用管理)にどこまで関与するか	• スタッフ組織を構成する専門スタッフの確保が困難であり，危険処理の執行が分散されて統一が取りにくい

（出所）亀井利明（1997：21-23）を基に著者作成。

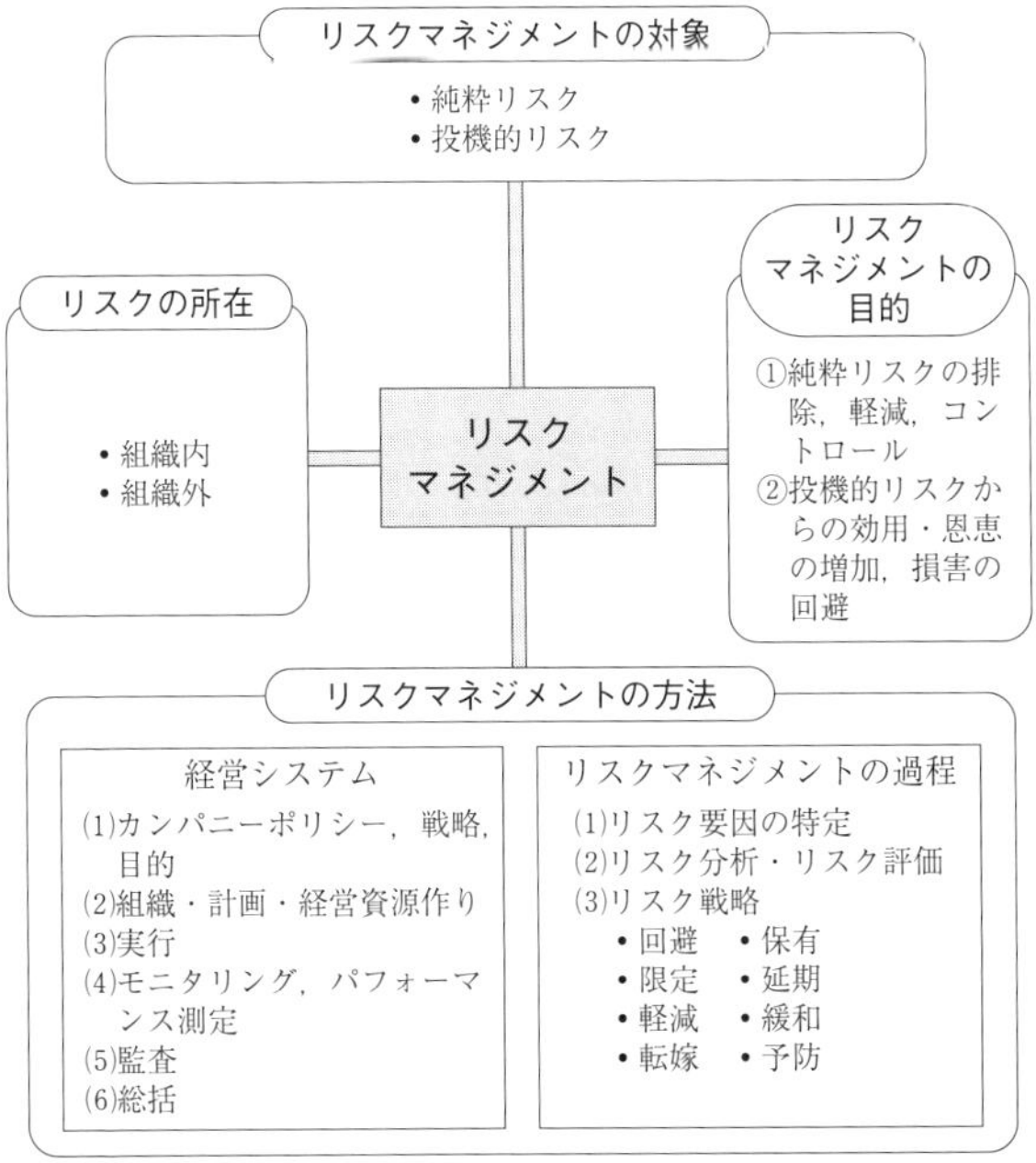

図2－1 リスクマネジメントの構造

(出所) Waring & Glendon (1998).[20]

リスクマネジメントに関する四つの重要事項、いわゆる「対象となるリスク」、「そのリスクの所在」、「リスクマネジメントを取組む目的」、「そしてリスク対応策の選択肢である方法」に関する全体像をオーリングとグレンドン[19]が図2－1のように示している。現代のビジネスリスクマネジメントに必須要素とされる、リスク対象としての「投機的リスク」、リスクマネジメントの目的としての「投機的リスクからの効用・恩恵の増加、損害の回避」、そしてリスクマネジメントの方法としての「経営システムにおける、カンパニーポリシー、戦略、目的」が網羅されている。

近代的リスクマネジメント――二〇〇〇年代以降

二一世紀の幕開けと共に米国では、全米でも有数の大企業であったエンロンの巨額の不正経理・不正取引による粉飾決算事件、ワールドコムの粉飾会計による巨額倒産事件が起こり、これらの事件はこれまでになくステークホルダーに極めて大きな影響を与えた。その後、企業会計の不正対策として「財務報告プロセスの厳格化」と「規制の法制化」を目的とした「上場企業会計改革および投資家保護法」いわゆる、サーベンス・オクスリー法（ＳＯＸ法：Public Company Accounting Reform and Investor Protection Act of 2002）が成立した。リスク統制が実現される企業はどこか、本当にリスク管理体制の実行は可能なのか、に市場の注目が集まり、企業の課題として具体的なリスク統制方法やその運用定着に全力が注がれることとなった。この流れは米国だけに留まらず日本や欧州でも同様であった。

しかし、金融市場の強欲的な利益追求は止まるところを知らず、結果としてサブプライムローンの崩壊によるリーマン・ショックを招くこととなり、危機そのものが完全に解決されたわけではなく、それは後遺症として、その後の出来事にも大きな影響を与えつつ影を落としている。この経済危機により「価値の創造」（利益の増大）に関する「戦略リスク」のリスクマネジメントが企業の重要な課題となった。そのキーワードの変遷は、「コンプライアンス→損失の最小化→リスク管理→リスク測定

→戦略的統合→リターン最適化」である。

米国に活動拠点を置く、ＣＯＳＯとは、「不正な財務報告全米委員会」：The National Commission on Fraudulent Financial Reporting：通称「トレッドウェイ委員会」を支援した五つの民間の団体（アメリカ会計学会、アメリカ公認会計士協会、国際財務担当経営者協会、管理会計士協会、内部監査人協会）である。ＣＯＳＯは二〇〇四年にＣＯＳＯ ＥＲＭとしてＥＲＭ（Enterprise Risk Management）のフレームワークを発表した。ＥＲＭは、事業体の価値の創造や保持に影響するリスクや事業機会に対処することを目的としており、次のように定義される。「ＥＲＭは、事業体の取締役会、経営者、その他の組織内のすべての者によって遂行され、事業体の戦略策定に応用され、事業体全体にわたって適用され、事業目的の達成に関する合理的な保証を与えるために事業体に影響を及ぼす発生可能な事象を識別し、事業体のリスク選好に応じてリスクの管理が実施できるように設計された、一つのプロセスである」[21]。基本的な概念を表２−２に示す。

この「ＣＯＳＯ ＥＲＭ：二〇〇四」は内部統制の発展に大きく寄与することとなった。内部統制にリスクマネジメントのコンセプトを盛り込みブラッシュアップしている。その後、戦略リスクとオペレーショナル・リスクの統合リスクマネジメントへの要請に応える形で「ＣＯＳＯ ＥＲＭ：二〇一七改訂版」が発表された。ここに至って初めて、本当の意味での企業におけるすべてのビジネスリスクに対応可能となるフレームワークが示された。

二〇〇九年一一月一五日には、リスクマネジメントとしては初めての国際規格「ＩＳＯ三一〇〇

表2-2　ERM 2004の基本的概念

①	ERMは，ある一つのプロセスである。このプロセスは継続的であり，また，事業体を横断して形成される
②	ERMは，組織のあらゆるレベルの構成員によって影響を受ける
③	ERMは，戦略設定に適用される
④	ERMは，リスクについて事業体レベルのポートフォリオの視点から，すべてのレベルおよびすべての業務単位，また企業全体に横断的に適用される
⑤	ERMは，潜在的な事象が生起した場合に，その中で事業体に影響するものを識別し，かつ事業体のリスク選好内にリスクが入るように管理するために設計されたものである
⑥	ERMは，事業体の経営者や取締役会に対して合理的な保証を与えることができる
⑦	ERMは，目的達成のために組み立てられる。その目的は一つだけのカテゴリーに含まれる場合もあれば，複数のカテゴリーに含まれ，カテゴリーが重複している場合もある

（出所）中央青山監査法人（2006：20-21）を基に著者作成。

〇：二〇〇九」が発行された。これは、激変する経営環境への対応策の求めに応じ、様々な分野で開発されたリスクマネジメントに関する用語や方法を統一することを目的としている。また、組織がリスクマネジメントを実施する時の組織における運用管理指針、リスクマネジメントプロセスの構成要素とその運用に関する指針が示されている。「ＩＳＯ三一〇〇〇：二〇〇九」ではリスクを「目的に対する不確かさの影響」と定義し、リスクマネジメントは「リスクについて、組織を指揮統制するために調整された活動」と定義している。[22] 特筆すべき点として、リスクマネジメントプロセスとＰＤＣＡサイクル、いわゆる計画（Plan）、実行（Do）、監視・評価（Check）、是正・改善（Action）のサイクルを融合しており、企業の継続的改善活動に応えるものとなっている。

さらに、ＩＳＯ三一〇〇〇：二〇一八が二〇一八年二月に発行されている。改訂の主なポイントは、

①規格全体の簡略化、②八原則への再編成、③図の刷新である。原則（principle）、枠組み（framework）、プロセス（process）といった三大要素を円形で表現している。

マイケル・クルーイ（Michel Crouhy）、ダン・ギャレイ（Dan Galai）、そしてロバート・マーク（Robert Mark）は金融リスクの観点から、「リスクマネジメントは企業のリスクを削減する不断のプロセスである。しかし、リスクを防衛的な意味だけで理解してはいけない。実際のリスクマネジメントは企業が適切と想定するリスクの種類と大きさを、どのように能動的に選ぶかに関係している。業務上の意思決定の多くは、将来の不確実な収益のために現在の資源を犠牲にすることに関わるものである。この意味において、リスクマネジメントとリスクテイクは正反対のものではなく、同じコインの表裏をなすものである。これらは一体となって現代経済のすべてを動かしている。すなわち、収益に関連して前向きに選び、実績を評価できるということが、永続的に成功するすべての企業の経営管理プロセスの中心に位置するのである。[23]」と、リスクマネジメントとはオペレーショナル・リスクと戦略リスクが一体として整合化されたリスクであると言っている。

かつて二〇〇二年に、米国連邦準備理事会議長アラン・グリーンスパン（Alan Greenspan）は、世の中を改善していくようなリスクマネジメントの能力について楽観的な見通しを述べていたが、この見通しの条件のほうが重要と考えられる。それは、「リスクを封じ込める枠組みは発展して、リスクを取ることをいとわず、かつそれができる人にリスクを分散することを強調するまでになった。リスクが適切に分散されていれば、経済システム全体への衝撃はより吸収され、金融の安定を脅かすような倒産の連鎖が起こる可能性はより少なくなるだろう。[24]」と。

実際には、二〇〇七～二〇〇九年の金融危機において、リスクは分散していたわけではなく、むしろ集中していたことが証明された。そのことから、リスクマネジメントは市場の崩壊を防いだり、コーポレートガバナンスの機能不全が原因の会計スキャンダルを防ぐことはできなかった。これらから考えられる懸念事項としては、デリバティブ市場が多額のリスクを取りやすくしている点や、危機の兆候が見られた後の「群集行動」、例えばリスク指標がある水準に達すると危険資産を売る行為、などが市場の変動を増幅させている点などが指摘されている。

さらに、洗練された金融工学は、二〇〇七～二〇〇九年の危機に先駆けて金融機関の本来の経済状況やリスクテイク状況を見えにくくし、二〇〇〇年の株式市場ブームとその崩壊の間には多くの非金融機関企業の経済状況も覆い隠してきた。かなり単純な会計ミスや不正と同時に、この種の金融工学が原因で、単に弱体化したり、初期段階で買収されるのではなく、数年間の偽りの成功の後に破綻した企業もある。

リスクマネジメントの実績として、良いものと悪いものが混在している理由は、一部には、リスクマネジメント技術が両刃の剣の性格を帯びているからである。企業のリスク移転を可能にする金融商品は、他の企業が同じ市場でカウンターパーティーとして、賢明であろうとなかろうと、リスクを引き受けることを可能にする商品でもある。最も重要なことは、例えばマイナスの結果を将来に繰り延べるといったようなキャッシュフローの形を変換する金融の仕組みは、企業のステークホルダーの一部のグループ（例えば、経営者）に短期的な利益をもたらし、他のグループ（例えば、株主や年金基金）の長期的な価値を破壊することもあるということである。

リスクマネジメントの概念や技術によってますます動かされるようになる世界では、移り変わりが複雑となり続けるリスクそのものの性質、ならびに企業のリスクプロファイルの変化が、ステークホルダーの利益にかなうかどうかをいかに決定するかをもっと注意深く見る必要がある。ある意味においてリスクマネジメントの限界を指摘しているが、概してステークホルダーの利益にかなうか否かに関する意思決定の重要性もあわせて示している点に、リスクマネジメントが進化するであろう光明が見出せる。

ジェイムズ・ラムはリスクの概念を次のように述べている。「リスクは様々な形や規模で発生するが、リスクマネジメントの専門家は、一般的にリスクは三種類に大別している。市場リスクは、企業にとってマイナスの影響となる方向に価格が動くリスクであり、信用リスクは顧客や取引相手、仕入先が義務を履行しないリスクである。オペレーショナル・リスクは、人、プロセス、システムが機能しなくなるリスク、あるいは外生的事象（地震や火災など）が企業に損害を与えるリスクである。また、他の種類のリスクもある。事業リスクは将来の業績が期待通りにならないリスクであり、組織リスクは劣悪な組織構造の設計、あるいは人材不足から生じるリスクである。一般的にリスクマネジメント管理者は市場リスクと信用リスクを金融リスクととらえ、その他のリスクはすべてオペレーショナル・リスクであると考えている。そして、これら広範な種類のリスクそれぞれが、多くの個別リスクを含んでいる。例えば、信用リスクには、信用問題を原因とする借り手の貸倒れや仕入先の納期遅延のリスクがある。これらのリスクには共通点や相互依存関係がみられ、最終的には、それぞれに独自の注意を払う必要がある」[25]。そして、これらの様々なリスクを全社的なリスクマネジメント管理者はどのようにすれば完全に把握できるのか、といった疑問を投げかけている。

リスクは事業におけるあらゆる意思決定の一部であるとの視点から、「現実的な解決方法は、すべての従業員がリスクについて考え、責任の一部を負うことである。これには二つの利点がある。第一に、リスクマネジメントを専門とする人以上にその活動を理解している人はいないため、全体としてリスクマネジメント能力の向上につながることである。第二に、この手法ではリスクが会社全体で管理されることである。」と解決策を提示している。つまり、一般の従業員に比較的簡単に理解できる方法でリスクを認識させ、評価することを学ばせることであると言っている。これまでリスクマネジメントにおける意思決定は、ある特定の経営層が携わる特権事項のように理解されてきた。しかし、全社的リスクマネジメントでは、事業に関わるすべての従業員の意思決定が全社的リスクマネジメントを構成するとの理解に至っている。さらに、リスク評価する際のポイントとして、エクスポージャー（どれくらい損失には耐えられるか）、ポラティリティ（将来はどの程度不確実だろうか）、確率・可能性（あるリスクイベントが実際に起こる可能性はどの程度か）、重大性（被害はどの程度深刻なものになりうるか）、保有期間（どのくらいの期間リスクにさらされるか）、相関（事業におけるリスクは互いにどのような関係にあるか）、資本（非期待損失を埋め合わせるために資本をいくら蓄えておくべきか）、の七点を示している。

リスクマネジメントの概念としては，「第一に，リスクマネジメントとはリスクとリターンのバランスを保つことである。第二にリスクマネジメントとは芸術と科学のバランスを保つことでもある。これまでは計量的なリスクマネジメントの発達が注目を集めてきたが，おそらくそれは，偏った焦点の当て方といえる。リスク性商品やモデルはリスクマネジメントにおいて重要な役割を果たすが，それらに焦点を当てすぎることは危険である。リスク性商品やモデルに精通しているはずの比類なきノーベル賞受賞者によって運用されていたヘッジファンド，ロング・ターム・キャピタル・マネジメント社（LTCM）の崩壊がそれを証明している。LTCMの教訓によって，財務破綻につながるシナリオは予想外の出来事が重なった場合に起こるということが明らかになった。そのようなシナリオは，モデルでの予測が非常に困難である。リスクマネジメントには芸術の要素，つまり，経営者の経験と判断（意思決定）に基づく部分が少なからず残っているのである。第三に，リスクマネジメントとはプロセスと人間のバランスを保つことである。企業は人材に恵まれれば，たとえプロセスが間違っていても存続し，成功するかもしれない。しかし，逆の場合にはうまくいかない。最終的には，企業のリスク特性は従業員の判断（意思決定）と行動によって決まる。リスク報告や監査などのリスクマネジメントプロセスは，有用なモニタリングを提供するが，より重要なことは最初に適切な人材が配置され，彼らが正しい企業文化とインセンティブによって動機づけされることである。リスクマネジメントは結局のところ，人に負うところが大きい。」と非常に多くの興味ある点を示している。

「意思決定の全体化」「組織体制と一人ひとりのモチベーション」など，今後のリスクマネジメントの進化に必要不可欠となる重要要素に関する研究が進められることが期待される。リスクマネジメントの研究領域においてもコーポレートガバナンスの重要性が指摘されている。堅固なコーポレートガバナンスストラクチャーの欠如と、二〇〇七〜二〇〇九年の金融危機発生との関係において、多くの金融機関でリスクマネジメントが重視されなかったと考える。それは、取引の流れ、取引量、収益、そして報酬体系に集中するあまり、企業がリスクマネジメントを統合されたビジネス意思決定体系の一部と見なせず、単なる情報源として扱う方向に少しずつ流されてしまったことによる。リスクポジションについて行われるべき討議を行わず意思決定がなされており、ある程度はリスクカルチャーの問題でもあるが組織内部の統治構造の問題とも言える。一つには、「取締役会の役割は強化されねばならない」との指摘である。取締役会のリスク監視強化はリスクマネジメントプロセスに対する経営責任を減少させるものではなく、リスクマネジメントが役員会の監視と願わくは長期的でより広範な視点を通して、もっと強く注目されるようになるべきであると考える。さらに、リスク担当役員は権限を最強化されねばならない。企業によっては計量的測定に責任をもつ「リスクコントロール機能」と、戦略的側面を担う「リスクマネジメント機能」に分けている状況が見られる。いずれにしても、リスクマネジメントが「事後的に」モニターするだけの機能であってはもはや適切ではない。リスクマネジメントは企業戦略とビジネスモデルの開発の中に含まれていることが必要なのであり、チーフリスクオフィサー（CRO）は単なるリスクマネジャーであってはならず率先したリスクステラテジストでもなければならない(26)。これらの点はコーポレートガバナンスとの関連性強化の中で戦略リスクマネジメントを可能とする組織体制や意思決定プロセスへの課題を示している。

亀井は戦略リスクマネジメントの意義として、「戦略リスクマネジメント（Strategy Risk Management）は純粋危険と投機的危険の双方を統合的に処理することを目的としている。この場合の投機的危険はいうまでもなくloss or gain riskで、例えば、投資・財務リスク、生産拡張、事業戦略、マーケティング、政治的危険、社会的・文化的危険、再構築、リエンジニアリング、ＩＴ戦略などである。純粋危険と投機的危険は相互に関連し、影響しあう関係にある。そこで、戦略リスクマネジメントは、純粋危険による損害の可能性を減少させ、投機的危険による利得の可能性を増大させるためにリスクを管理することである。このように戦略リスクマネジメントはloss only riskとloss or gain riskの双方を処理するものである。また、同時に他の側面から見ると戦略リスクマネジメントはリスク処理に戦略的アプローチを展開すること、すなわち戦略的選択肢のうち最も適切なものまたはその組合せを活用することである。戦略リスクマネジメントは、事業活動の遂行に当たって、リスク戦略を展開することである。」と述べている。(27) しかし、純粋リスクと投機的リスクを単に統合すれば戦略リスクとなるわけではなく、戦略の策定や展開に当たっては双方のリスクを介在させ、それらを並列的、統合的にマネジメントされなければならない。戦略リスクマネジメントをパフォーマンスの側面から説明すると、戦略の失敗、戦略のミスをマネジメントすることであると言える。

戦略の失敗は、Ａ：事故（accident）、Ｂ：エラー（error）、Ｃ：失敗（failure）、Ｄ：ミス（mistake）である。Ａは偶然事故、災難であり、Ｂは間違い、誤りであり、Ｃはしくじり、やりそこない、Ｄは不注意、不適切などを意味する。これらはすべて戦略的選択の不適切選択、いわゆる意思決定の最適化がなされなかった結果の事象である。企業としてＥＲＭ機能を最大限に発揮するためには、「最適意思決定をいかに可能とするか」という命題への取組みが重要である。

シューメーカーとテットロックは、先が読みきれない不確実な時代において重要な意思決定が求められている現在、競争優位の源泉としての予測精度を企業としていかに高めるか、言い換えれば組織の予測精度を高め続けることへのアプローチを提供している[28]。それは、「優れた判断力プロジェクト（GJP：The Good Judgment Project）」と呼ばれる数千人のアマチュアと、情報機関の経験豊富なアナリストを次々と競わせたプログラムの研究報告から得られた三つの知見に基づいている。一つ目は、有能なジェネラリストはスペシャリストよりも優れた予測を立てることが多いこと。二つ目は、念入りに組み立てた訓練によって予測能力の向上が見込めること。そして最後は、うまく管理されたチームが立てた予測は個人の予測を凌ぐ場合があること。そして組織の予測能力を高めるアプローチとして、①予測対象とすべきスィートスポットを見出す、②訓練によって的確な判断力を養う。具体的には、論理的思考の基本を学ぶことや認知バイアスを理解することである。③適切な資質のチームを結成しメンバー同士が信頼すること。これにはチーム構成と、チームが直面する三つの段階がある。まずチーム構成に関しては、バイアスに対する用心深さと健全な論理的思考があり、データへの敬意を示すなどの素養を有した人材で構成され、かつ知的な面で多様性に富んでいることが重要とされている。なお、専門家とされるメンバーに対して臆せず異を唱えられる存在の確保は必須である。

また、チームが直面する三つの段階とは「拡散段階」（問題、前提、解決策の導き方を多角的に検討する段階）、「評価段階」（建設的に意見を戦わせる時を含む段階）、そして「収束段階」（チームが一つの予測を確定させる段階）である。チームの予測対象が単発的な事象であれ、何度も予測する場合であれ、成果を上げるチームはこの三つの段階を巧みにマネジメントしなければならない。④成績を追跡してフィードバックすること。

この研究報告からもリスクマネジメント研究は、フレームワーク設定から意思決定論やリスクマネジメントを推進する企業の経営組織論、構成員の適性向上訓練などのテーマが注目されていることがわかる。すべてのリスクマネジメント活動の源泉となるリスク情報の収集・分析・評価に関しては、将来ＡＩの積極的な活用により、リスクマネジメントに関わるすべてのシステムが飛躍的に進歩することは疑う余地もない。今後は一層ハード面（システム、リミット）とソフト面（文化、人材、スキル、インセンティブ）の両方を常に考慮することが肝要である。大きな規制改革・構造変革は新しいビジネス環境を創出し、そのことがビジネス行動とリスク変化を誘導することは今後も続いていく。しかし、リスクマネジメントの弊害の一つとして、直近過去の再発防止のために強固な監視を持続しようとするあまりに、次に起こるであろう危機を未然に防ぐリスクマネジメントの高次元化を後回しにしてしまうことがある。これに抗するためには、現在から未来へのリスクトレンドを作っていく源泉が何であるかを常に研究し続ける必要がある。

①エンタープライズ・リスクマネジメント（ＥＲＭ）のフレームワーク

重大なリスクそれぞれに対し、企業が効果的なリスクマネジメントプロセスを構築することは重要なことであるが、それぞれのリスクごとに独立したプロセスを構築することは、今や極めて非効率的なアプローチとして認識されている。リスクの本質は、動態的かつ不安定な特徴をもっており、それは相互依存性が強いことに起因している。また、現在のような変化の激しい経営環境下で企業が事業活動を行うには、リスク・ポートフォリオ管理に関してより総合的な手法が必要となる。相互依存性やポートフォリオ効果をしっかりと捕捉し、リスクが「隙間からこぼれ落ちる」ことを防ぐと共に、組織的な隙間や無駄が原因となり起こりうるリスクマネジメントの弱点である「当面のリスク対策実施パフォーマンスに終わってしまうこと」の防止も強く求められる。

ＥＲＭは、特定のリスクに関して直接的な管理責任を負いつつ、他部門が最終的に責任を負うべきリスク管理業務を調整して、上級管理職のために全体的なリスクモニタリング機能も提供する。それはまた、企業価値を最大化するために、信用リスク、市場リスク、オペレーショナル・リスク、エコノミックキャピタルおよびリスク移転などを管理する包括的かつ総合的枠組みと言える。ＥＲＭが要求している統合とは、

①ＥＲＭは統合的なリスク管理組織を必要とする。
②ＥＲＭはリスク移転戦略の統合を必要とする。

③ＥＲＭは企業の事業プロセスの中にリスク管理を統合する必要がある。

の三点である。企業の戦略リスクマネジメントを可能にし、ＥＲＭ機能を発揮することを目的としたフレームワークに関してそれぞれ確認する。

②ＣＯＳＯ ＥＲＭフレームの発行

トレッドウェイ委員会組織委員会（COSO: The Committee of Sponsoring Organizations of the Tread-way Commission）は一九九二年公表の『内部統制の統合的枠組み』以来約一〇年の時を経た、二〇〇一年一月に企業リスクの評価と管理に関するフレームワークを開発するプロジェクトを開始した。フレームワークの開発時期は数々の大型企業の不祥事や事件により連続破綻が起こった時期と重なっている。ＣＯＳＯの活動成果は表２‐３の通りである。

全社的リスクマネジメント（以下、ＥＲＭ）は、すべての事業体は、ステークホルダーに対して何らかの価値を提供するために存在するということが大前提となっている。経営者は企業価値を高める活動をする際に事業体がどの程度の不確実性を受け入れる用意があるかについて決定する必要がある。不確実性は、事業体の価値を喪失させたり、付加したりする可能性を有するもので、リスクでもあり、事業機会でもあることから、ＥＲＭは不確実性とそれに付随するリスクや事業機会に有効に対応し、事業体の価値を創造する能力を高めることができる。ＥＲＭは事業体の価値を最大化することを可能

表２－３　COSOの活動略年表

1988年８月	『不正な財務報告の勧告の実施状況に関する中間報告書』を公表
1992年９月	『内部統制の統合的枠組み――理論編とツール編』を公表
1994年５月	『内部統制の統合的枠組み』 （追補版：「外部の関係者に対する報告」）を公表
1996年	『デリバティブの利用における内部統制問題』を公表
1999年３月	『不正な財務報告――1987-1997合衆国の公開企業の分析』を公表
2004年９月	『全社的リスクマネジメント――統合的フレームワーク （フレームワーク編と適用技法編）』を公表

（出所）中央青山監査法人（2006：vi）を基に著者作成。

表２－４　ERMが提供する六つの能力

①	リスク選好と戦略を適切に組み合わせること
②	リスクへの対応に関する意思決定の質を高めること
③	業務上の予測できない事象を減らし，業務上の損失を低減すること
④	多重リスクや企業全般にわたるリスクを識別，管理すること
⑤	事業機会をとらえること
⑥	資本配分を改善すること

（出所）中央青山監査法人（2006：3～4）を基に著者作成。

とする能力として、六つの能力の獲得を提供している。表２－４にそれを示す。これらの能力はＥＲＭ固有のものであり、経営者による事業体の業績や収益目標の達成や資源の喪失の防止に貢献する。

ＥＲＭは次のように定義される。

> ＥＲＭは、事業体の取締役会、経営者、その他の組織内のすべての者によって遂行され、事業体の戦略策定に適用され、事業体全体にわたって適用され、事業目的の達成に関する合理的な保証を与えるために事業体に影響を及ぼす発生可能な事象を識別し、事業体のリスク選好に応

じてリスク管理が実施できるように設計された、一つのプロセスである（トレッドウェイ委員会組織委員会、二〇〇六）。

ERMフレームワークは、事業体の目的を達成するために作成されており、目的を四つのカテゴリーに分類している。①戦略（事業体のミッションと連動しそれを支えるハイレベルな目標）、②業務（事業体の資源の有効かつ効率的な利用）、③報告（報告の信頼性）、④コンプライアンス（適用される法規の遵守）、である。③と④は事業体の管理の範囲内に存在しているため、これらの目的達成に対して合理的な保証を提供することがERMに期待できる。しかし、①と②、は常に事業体の管理範囲外の外部事象に依存する。従って、これらの目標達成の進展状況について、経営者およびその監視の役割を担う取締役会が、適時に状況を把握することができる合理的な保証を与えている。

ERMは相互に関連する八つの構成要素で構築されている。それは、内部環境、目的の設定、事象の識別、リスクの評価、リスクへの対応、統制活動、情報と伝達、モニタリングである。

ERMは、ある一つの構成要素が次の構成要素のみに影響するといったような厳密に連動するプロセスではなく、ほぼすべての構成要素が他の構成要素に影響を与える可能性がある、多面的で反復的なプロセスである。四つの目的と八つの構成要素は三次元のCOSOキューブとして表現されている。

以下の図2-2に示す。

四つの目的カテゴリーである、戦略、業務活動、財務報告、コンプライアンスは縦の列に、八つの

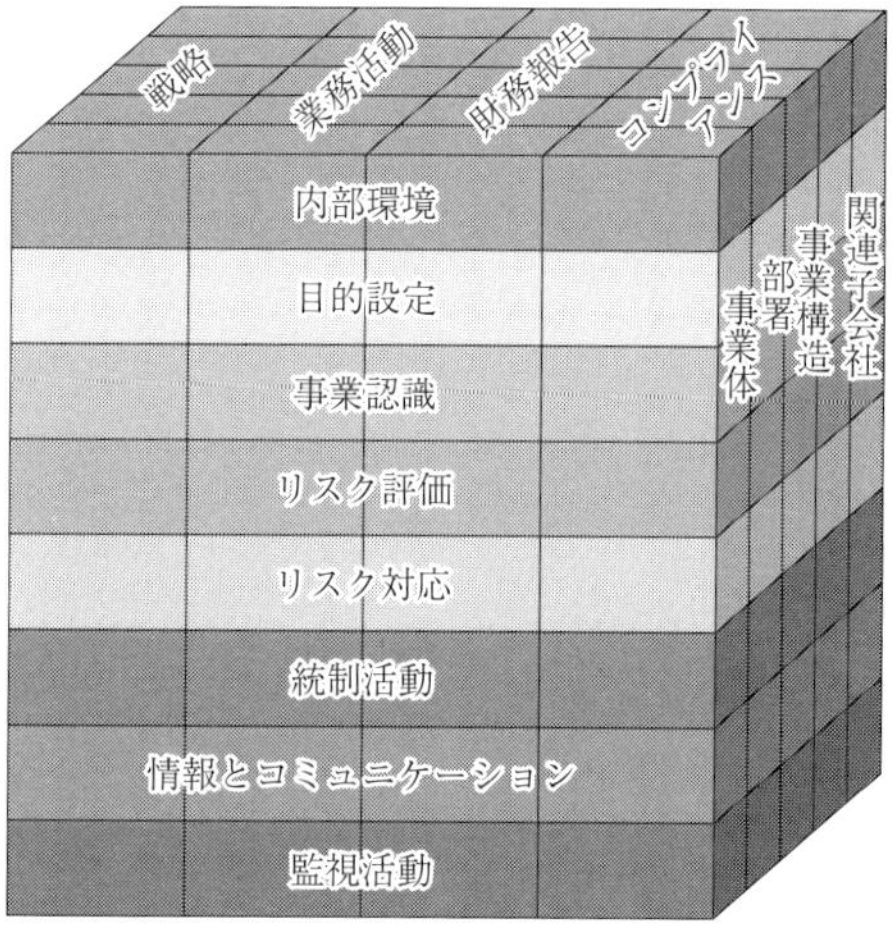

図２－２　COSO ERM キューブ

（出所）Enterprise Risk Management-Integrated Framework Executive Summary. より。

構成要素は横の列に、事業体およびその部門はキューブの側面に三次元表示されている。

ＥＲＭの有効性を決定するためには、八つの構成要素が存在し、適切に機能しているか否かを評価した結果で判断されるが、そのことが確認される状況下では重大な弱点は存在しないと考えることができる。そしてリスクは事業体のリスク選好の範囲内に収まってると考えてよい。また、ＥＲＭが目的の四つの分類のそれぞれにおいて有効であると確定した場合には、取締役会や経営者は以下のような合理的な保証をもつことになる。

- 取締役会と経営者が事業体の戦略目的の達成度を理解している。
- 取締役会と経営者が事業体の業務目的の達成度を理解している。
- 事業体の報告に信頼性がある。
- 事業体に適用される法規が遵守されている。

内部統制はＥＲＭにとって不可欠な部分であり、ＥＲＭは内部統制よりも広範な領域をカバーし、よりリスクに焦点を当てより強固な概念を築くために内部統制を発展させて作り上げられたものである。

ここまでＥＲＭの利点に触れてきたが、ＥＲＭにも限界があることを検討する必要がある。有効なＥＲＭがいかに十分な設計がなされ、運営されていたとしても、経営者と取締役会に事業体の目的達成に関しての合理的な保証を提供するに過ぎない。目的達成はすべての経営プロセスに対して、固有の限界により影響を受ける。これには意思決定における人為的判断には間違いがあり得ること、単純な誤解や間違いのような人的失敗により機能停止が発生しうるといった可能性がある。さらに、二人またはそれ以上の人が共謀して統制手続を逃れる可能性もある。経営者はリスクへの対応の意思決定と、統制活動を含むＥＲＭプロセスを無視することもできる。もう一つ見逃してはいけない制約要因は、リスクへの対応に関連する費用対効果、いわゆるトレードオフの関係を考慮する必要性である。しかしＥＲＭは二〇〇四年という時期に発行されたものとしては、リスクマネジメントとしての機能の向上に貢献し、良質な意思決定に資する内容である。ただし、良質なリスク情報に基づいた意思決定がなされない場合には、「ＣＯＳＯ　ＥＲＭ：二〇〇四」フレームワークが可能としている最適な意思決定を実現することは難しくなる。

③「COSO ERM：二〇〇四」が求めているリスクマネジメント

「COSO ERM：二〇〇四」が求める前提は、「あらゆる事業体がステークホルダーに対して何らかの価値を提供することであり、その事業体は利害関係者のための価値を高める努力をする際に、事業体がどの程度の不確実性を受け入れる準備があるかについて決定する必要がある。そのためには不確実性に関するリスク情報を収集、評価・分析し、その対応策となる選択肢を検討し決定するといった意思決定プロセスの構築が求められる。」である。

リスクマネジメントの考え方として、①事業体におけるリスクマネジメントの考え方とは、戦略策定・実行から日常活動に至るあらゆる局面で、事業体がリスクをどのように考慮するかを特徴づける共有化された信念と姿勢との組み合わせである。②そのリスクマネジメントの考え方は、事業体の文化や事業形態に影響する事業体の価値を反映し、いかにリスクを識別し、そのリスクを受け入れ、どのように管理するかを含めてＥＲＭの各構成要素がいかに適用されるかに影響を与える。③多くの事業体では、経営者が有効なリスクマネジメントこそ価値を創造し、保持することを手助けするものであると認識しているため、有効なＥＲＭに取り組む。④リスクマネジメントの考え方が組織内のすべての者によって十分発展、理解され受け入れられる時、事業体はリスクを有効に理解し、管理しているとと位置づけられる。そうでなければ、事業単位、職能あるいは部門にわたって許容できないほどにＥＲＭが釣り合いの取れていない状況が起こり得る。⑤しかしながら、事業体のリスクマネジメントの考え方が十分発展している場合であっても、事業単位間で文化の違いがあって、その結果ＥＲＭの適用に差異があるかもしれない。⑥事業体のリスクマネジメントの考え方は、経営者が事業体の経営を行うすべてのことに反映される。それは、方針文書、口頭・書面のコミュニケーションや意思決定に表れている。そして、経営者はこの考え方を言葉のみならず日々の行動で示すことが重要である。

また、ＥＲＭは次のように定義される。「ＥＲＭは事業体の取締役会、経営者、その他の組織内のすべての者によって遂行され、事業体の戦略策定に適用され、事業体全体にわたって適用され、事業目的の達成に関する合理的な保証を与えるために事業体に影響を及ぼす発生可能な事業を識別し、事業体のリスク選好に応じてリスクの管理が実施できるように設計された、一つのプロセスである」。

これを実現するためには次の六項目を実行可能とする組織体制の構築が必要となる。①すべての事業体は不確実性に直面しているため、経営者にとっての課題は、ステークホルダーの価値を高めるために事業体が、どのように不確実性を受け入れる用意があるかを決定すること。②ＥＲＭは、不確実性に直面した時に、経営者が事業体のリスクを識別、評価、および管理すること。③ＥＲＭが事業体の取締役会、経営者、その他の組織内のすべての者によって遂行され、戦略策定に適用され、事業体全体にわたる一つのプロセスとなること。④ＥＲＭは事業体の目的と達成に関して合理的な保証を与えるために、事業体に影響を及ぼす潜在的な事象を識別し、事業体のリスク選好に応じてリスクの管理ができるように設計されること。⑤ＥＲＭは八つの相互に関係のある構成要素からなること。これらの要素は、経営者が事業体を経営する手段には不可欠なもの（内部環境、目的の設定、事象の識別、リスクの評価、リスクへの対応、統制活動、情報と伝達、モニタリング）である。⑥これらの要素は組み合わされて、ＥＲＭが有効であるかどうかを決定するための基準として用いられること。

④「ＣＯＳＯ ＥＲＭ：二〇〇四」が求める情報と伝達

情報と伝達に関する留意点は、事業体の内部で作成された情報および外部の情報源からの情報を用い、リスクを管理し、目的に関連した、十分な情報に基づく意思決定のために必要な情報を提供することであり、有効なコミュニケーションが、組織内の縦横に（上から下へ、横に、また下から上に）行われることである。さらに、組織内のすべての者は、トップマネジメントからのＥＲＭの実行責任を真剣に受け止めなければならないという明確なメッセージを受け、ＥＲＭにおける各自の役割を理解し、同時に各自の活動がいかに他社の業務と関連しているかを理解することである。情報は、組織のすべてのレベルでリスクを識別、評価、対応して事業体を運営し、その目的達成のために必要である。

情報源は多岐にわたり、内部および外部の情報源、さらに数量的および質的情報、また、変化する状況への対応を容易にすることが重要である。また、大量の情報を実行可能な情報になるように処理し、改良することも重要なことである。特に情報の品質に関しては、洗練された情報システム（情報共有体制とその機能）とデータ駆動型の意思決定システムをそのプロセスへの依存が高まるに連れて、データの信頼性が重要となることからも、不正確なデータは、リスクの未認識や不十分な評価、不適切な意思決定を招く恐れがある。そのために、①内容が適切であるか、②詳細度は適切であるか、③情報が適時であるか、④必要なときに存在するか、⑤情報は正しいものであるか、⑥利用可能な最新情報であるか、⑦情報は正確であるか、⑧データは正しいか、など、的確な情報を適時に適切な場所で把握することはＥＲＭを有効たらしめるために不可欠な要素である。情報が適切に組織内のすべての者に伝達され、業務、報告およびコンプライアンスの実行責任を果たすことができるようにしなければならない。

特に内部での伝達に関しては、経営者が、組織内のすべての者の行動について、期待や実行責任について述べた具体的で直接的な情報を提供し、事業体のリスクマネジメントの考え方、アプローチおよび明確な権限の委譲が盛り込まれる必要がある。プロセスと手続きに関する伝達は、望まれる企業文化と適切に組み合わされ、かつそれを支えるべきものである。また、伝達が有効に伝えるべき項目には、有効なＥＲＭの重要性と適合性、事業体の目的、事業体のリスク選好およびリスク許容度、共通のリスク用語、ＥＲＭの構成要素を実行する人々の役割と責任、などがある。概して、前線で業務上の重要な問題を処理している従業員は、問題点の発生時にそれを認識する最上の立場にいることが多く、組織内のすべての者が事業部門、プロセス、あるいは機能部門の垣根を超えて横断的に、さらに上層部に対してリスクに基づく情報を伝達できるように、伝達経路を確保しなければならない。

時として、個人または部門が他者に対して重要な情報を提供することを阻まれたり、提供するための手段がなければ、伝達障害が生じることが考えられる。組織内のすべての者は重大な危険に気づいても、報告を怠る可能性があることを考慮すると、そのような情報が報告されるために、開かれた伝達経路と、それに耳を傾けたいという明確な意思が存在することが必要である。組織内のすべて者は、上司が真に問題点を知りたいと考え、それらを有効に処理するであろうと考えている。組織内における通常の報告ラインが伝達の適切な経路であるが、ある状況では、いくつかの伝達経路がフェールセーフ機能として、通常の経路が機能しないときに備えて設置される必要がある。有効なＥＲＭは、その重要さゆえにこのような代替的な伝達経路が必要であり、開かれた伝達と耳を傾ける姿勢の双方なくしては、上層部への情報の伝達の流れは阻害される可能性が大きくなる。重要な点は、関連情報を報告することに対する報復措置がないことを組織内のすべての者が理解していることであり、従業員が事業体の行動規範違反ではないかと疑われる事項を報告することを奨励するメカニズムの存在、そして報告した人の処遇によって、経営者の明確なメッセージが組織内に発信されることである。

さらに、適切で包括的な行動規範、従業員への研修、企業の継続的な意思伝達とフィードバックの仕組み、そしてシニア・マネジメントの行動により示される正しい見本により、これらの重要なメッセージをさらに補強することができる。様々な重要な伝達経路の中でも、とりわけＣＥＯ（最高経営責任者：Chief-Executive Officer）と取締役会との間の伝達は重要である。すべての経営者は、取締役会に対し、実績、リスクおよびＥＲＭの構築、その他適切な事象や問題に関して、常に最新の情報を提供していなければならない。伝達が良いほど、取締役会が重要な問題に関するＣＥＯの協力相手として行動し、ＣＥＯの活動をモニターして助言、協議、および方向性を与えることによりその監視義務を有効に果たすことができる。同様に取締役会はＣＥＯに対し、どのような情報が必要であるかを伝え、フィードバックおよび方向性を提示すべきである。

⑤「ＣＯＳＯ ＥＲＭ：二〇〇四」の限界

ＥＲＭの限界の存在については事前に承知しておく必要がある。有効なＥＲＭを設計し実行したとしても、ＣＥＯと取締役会に事業体の目的達成に関する合理的な保証を提供しているだけであり、目的達成はすべての経営プロセスに固有の限界を有している。つまり意思決定における人為的判断に間違いがあり得ることであり、必ずしも完全無欠ではない人間に依存していることである。単純な間違いのような人為的ミスにより機能停止が発生する。また、二人以上の共謀活動はＥＲＭの障害となる危険を有しており、ＣＥＯはリスク対応の意思決定と統制活動を含むＥＲＭプロセスを無視することも可能である。

最も発生確率の高い制約は、リスク対応に関する費用対効果であり、リスク対策費用と予算は常にトレードオフである。ＥＲＭの限界を理解するために認識しておくべきこととして、①リスクは未来そのものであり、不確実なものである。つまり、誰一人として確実に未来を予測することは不可能である点、②ＥＲＭが有効性を発揮したとしても、ＣＥＯと取締役会が、事業体がどの程度目的達成に向かっているかをＥＲＭは支援するものであり、その目的が実際に達成されるか否かを保証するものではない点である。

⑥ＣＯＳＯ ＥＲＭフレームの改訂

二〇一六年六月一四日にＣＯＳＯは「ＣＯＳＯ ＥＲＭ：二〇一六」として「ERM Aligning Risk

with Strategy and Performance Draft」をリリースした。組織内でＥＲＭを機能させるために重要な点が追加されることとなる見込みであったが、改訂に至った背景には何があるのであろうか。二〇〇四年からしばらくの間、米国ではいくつかの課題や問題が確認された。

- 米国証券取引所に上場している企業はSarbanes-Oxley Act（ＳＯＸ法）の施行により、「内部統制報告」の提出が義務化された。これにより「ＣＯＳＯ ＥＲＭ：二〇〇四」を導入する余力がそがれた。
- ＥＲＭの導入の際に企業全体を対象としないケースが多く、かつ戦略策定のプロセスとＥＲＭを連動させることが稀であり、ＥＲＭの本質的機能が発揮されなかった。
- ＥＲＭの定義として最も重要であり、その最たる特徴である「戦略策定の段階で企業横断的に適用する」といった点が誤解や無視をされる実態があった。
- 多くの企業において戦略策定ではなく、オペレーショナルレベルでの適用が見られた。フレームワークを細かな作業レベルで導入し、ＥＲＭ担当者が実務作業に陥ることで多くのＣ（Chief）レベルのエグゼクティブがＥＲＭ導入に関し早い段階で興味を逸した。
- いくつかの企業ではＥＲＭをビジネス推進や管理改善を目的とせず、保証管理活動の一環として導入した。結果、事業部門の責任者にＥＲＭは役に立たないものとの認識が多くの企業で広まった。特に、内部監査主導でＥＲＭを導入したケースでは顕著な傾向として観察された。

•二〇〇七年にＯＣＥＧ（Open Compliance and Ethics Group）が提唱したＯＣＥＧフレームワークによるＧＲＣ（Governance, Risk Management, Compliance）統合の考え方が企業に浸透した。

（The Bulletin, Protiviti. Jp, Volume 6, Issue 2を基に著者作成）

その後、二〇〇八年の金融危機を発端とした大不況で多くの企業がクライシスモードに突入。そのこともＥＲＭの導入を阻む障壁となった。二〇一一年の東日本大震災といった劇的な出来事が真の意味でＥＲＭへの関心が高まる契機となる。総じて「ＣＯＳＯ　ＥＲＭ：二〇〇四」発効以降、ＥＲＭへの経営幹部の注目は限定的であり、多くのエグゼクティブは、ＥＲＭフレームワークに対して何をすればよいのか認識すらしていない状況であった。また、導入企業の実践レベルは企業により大きなバラツキが見られた。しかし、ブラック・スワン現象（注：滅多に起こらないものの、壊滅的な被害を及ぼすこと）からの教訓は、実効性のあるリスクマネジメントのための重要な要素――取締役会やＣＥＯの十分な関与、オープンかつ透明性のある企業カルチャー、長期・短期のバランスを取るための補完構造、そして最も重要であるが、危機が迫っていることを知らせる警報が発動した際に適切な行動を取るための経営陣の意見と規律――について、その重要性を実証しアーリームーバー（Early Mover）として群れの中から一歩先んじることがいかに重要であるかが評価されるようになった。

同時に注目すべきもう一つの変化は、ビジネスモデルの盛衰期間が短縮し、ビジネス環境が絶え間なく変化していることである。かつてないスピードで確立されたビジネスモデルを崩壊させるようなメガトレンドが出現している。ＣＯＳＯはこれらの事実を背景として、ＥＲＭと様々なステークホルダーの期待とをより明確に結びつける機会が到来したと考えたのである。

では、何が新しく、どこが変わったのか。「ＣＯＳＯ ＥＲＭ：二〇一六」のドラフトは「すべての企業はステークホルダーに価値を提供し、そのプロセスで不確実性に直面する」ことを前提としている。また、不確実性は「まだ知られていないこと」であり、リスクは「事業戦略の策定や遂行、ビジネスの目的の達成に影響を与えるような不確実性」としている。新たなフレームワークに関しては、「経営陣の課題の一つは、どの程度の不確実性（つまりどの程度のリスク）に対し、組織が準備しているか、そして受け入れることができるかということである。実効性のあるＥＲＭは、機会や拡大が見込まれる能力、価値の維持、そして究極的には実現見込みの価値と、リスクに晒される度合いのバランスを考慮する」とあり、リスクと価値の関係を明確にしている。また、「組織が価値を創造、維持し、実現するプロセスでリスクを管理できるか否かは、戦略策定や実行段階に統合された組織のカルチャーや能力にかかっている」ともある。「ＣＯＳＯ ＥＲＭ：二〇一六」のドラフトの特徴は以下の通りである。

- 戦略を策定、実行する上でのＥＲＭの役割について、より深い洞察力を提供する。
- 企業のパフォーマンスとＥＲＭとの整合性を拡充する。
- ガバナンスや監視に対する期待を反映する。

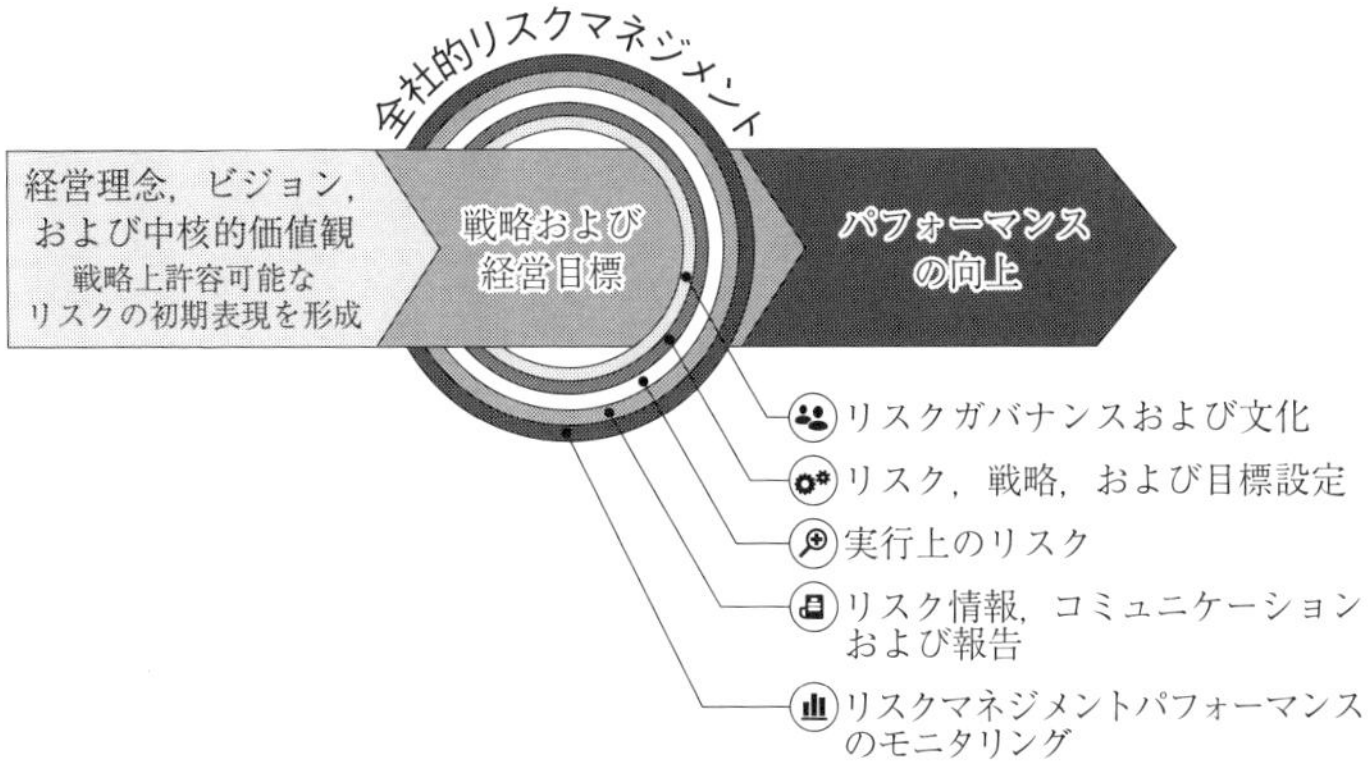

図２－３　「COSO ERM: 2016」ドラフト　フレームワーク

（出所）COSO ERM 公開草案より。

- 市場やオペレーションに絶え間ないグローバル化を認識し、テイラーメイドでありながらも、地域を問わず共通のアプローチを適用する。
- 一層複雑化するビジネスコンテクストをとらえ、斬新な方法でリスクを認識する。
- ステークホルダーへの透明性向上の期待に応えるべく、リスク報告を拡充し、意思決定に資するような先端テクノロジーや高度なデータ・アナリティクスを導入する。

また、相互に関連する五つの要素と、二三の原則が取り入れられている。表２－５にそれを取りまとめた。

今回の「COSO ERM：二〇一六」のドラフトでは、図２－３のような図式が新たに提示されている。戦略と目標設定のプロセスを取り囲むリングとして五つの構成要素が配置されている。

表2-5　COSO ERM: 2016 Draftにおける5つの要素と23の原則

第1要素	リスクガバナンスとカルチャー	(1)取締役会によるリスクの監視がなされている
		(2)ガバナンスおよびオペレーティングモデルが確立されている
		(3)望ましい組織行動が定義されている
		(4)誠実さと倫理観に対するコミットメントの実践をする
		(5)説明責任を果たしている
		(6)有能な人材を惹きつけ，育成し，保持する
第2要素	リスク戦略と目的の設定	(7)リスクおよびビジネスコンテクストを検討する
		(8)リスクアペタイトを定義する
		(9)代替戦略を評価する
		(10)事業目的策定時にリスクを検討する
		(11)受容できる業績の変動幅を定義する
第3要素	実行段階のリスク	(12)実行段階のリスクを特定する
		(13)リスクの重要性を評価する
		(14)リスクの優先順位づけを行う
		(15)リスク対応策を特定し，選定する
		(16)実行段階のリスクを評価する
		(17)ポートフォリオ視点を策定する
第4要素	リスク情報，コミュニケーションと報告	(18)関連情報を利用する
		(19)情報システムを活用する
		(20)リスク情報に関するコミュニケーションを行う
		(21)リスク，カルチャーそしてパフォーマンスを報告する
第5要素	リスクマネジメントの実効性のモニタリング	(22)大きな変化をモニタリングする
		(23)ERMをモニタリングする

（出所）The Committee of Sponsoring Organizations of the Treadway Commission ホームページ（2016年6月10日閲覧）を基に著者作成。

図２‐３が示すように、組織体がリスク戦略や目的を設定するに当たっては、ミッションと整合しているかを考慮することが推奨されている。さらに、リスクへの対応アプローチがどのようにリスクプロファイルに影響を与え、実行段階においてどのような阻害要因があるかを考慮することも推奨されている。戦略策定、内部統制、そして業務管理を統合し、戦略の実現可能性の向上を狙いとしている。

⑦「ＣＯＳＯ ＥＲＭ：二〇一七」が求めているリスクマネジメント

二〇一七年九月に正式発行された「ＣＯＳＯ ＥＲＭ：二〇一七」ではＥＲＭは、「組織が価値を創造し、維持し、実現する過程においてリスクを管理するために依拠する、戦略策定ならびに実行と一体化したカルチャー、能力である」と定義されている。「ＣＯＳＯ ＥＲＭ：二〇〇四」フレームワークと比較すると、「プロセス」から「カルチャー、能力、実務」へと大きく概念が拡大されている。また、リスクを管理する上では、①組織のカルチャーを理解すること、②能力を高めること、③実務として適用すること、④戦略策定とパフォーマンスを統合して活用すること、⑤戦略やビジネス目標の達成を目的として行うこと、⑥価値と紐づけて考えること、が重要であるとされている。これらの考え方は、ＥＲＭは企業経営者から見て、単なる「守り」のための受け身で外圧的な仕組みではなく、「攻める」ための基礎を提供するアグレッシブで自発的なものであり、組織体の経営そのものであるという思想に基づく。改訂の背景であるが、今日の経営環境は二〇〇四年に「ＣＯＳＯ ＥＲＭ：二〇〇四」フレームワークが公表された当時と大きく異なり、テクノロジーが進展し、企業規模がグローバル化している中で、リスクが多様化・複雑化し、新しいリスクが発生し、ＣＥＯや取締役会（以下、「経営者等」）がリスクに関して議論する機会が増えていることにある。これに応えるようなＥＲＭフレームワークにすることが最大の理由である。二〇〇四年当時は、今日の経営環境と比較して経営者等はリスクに関心が高くなく、米国ＳＯＸ法が要求する内部統制対応に翻弄された時期であった。「ＣＯＳＯ ＥＲＭ：二〇〇四」フレームワークはリスクマネジメントに関するグローバルスタンダードとなることを期待されたが、結果的に企業、特に経営者等に浸透・定着しなかった。

ＥＲＭに関する誤解があったのである。①ＥＲＭは機能や部門である、②ＥＲＭはリスクを一覧化することである、③ＥＲＭとは内部統制を対象とすることである、④ＥＲＭはチェックリストである、⑤ＥＲＭは中小規模の組織には適用不可能である、等と考えられ、結果、認識違いが浸透し、経営者等から敬遠されてしまった。そして経営環境の変化や先述の認識違いを解くことを目的として「ＣＯＳＯ ＥＲＭ：二〇一七」への改訂が行われた。「リスク」定義の改訂は、「ＣＯＳＯ ＥＲＭ：二〇〇四」フレームワークにおいては、リスクとは「目的達成を阻害する影響を及ぼす事象が生じる可能性」と定義されており、マイナスの影響を与える事象を「リスク」（オペレーションリスク・信用リスク・市場リスク等）とし、プラスの影響を与える事象を「事業機会」（戦略リスク）と整理されていた。

他方、「ＣＯＳＯ ＥＲＭ：二〇一七」におけるＥＲＭフレームワークでは、リスクとは「事業戦略およびビジネス目標の達成に影響を与える不確実性」と明示されている。これは「リスク」と「事業機会」を区別するのではなく、二つを一体のものとして「リスク」と認識することとしている。これまでリスクマネジメントは、マイナス事象に備える「守り」のイメージから管理部門の業務であると認識されていたが、改訂により事業戦略やビジネス目標に関わる「攻め」の部分もリスクマネジメントの対象としたことにより、経営者等の業務そのものであることが明確になっている。「ＣＯＳＯ ＥＲＭ：二〇一七」のフレームワークのタイトルは、「Enterprise Risk Management-Integrating with Strategy and Performance（全社的リスクマネジメント―戦略とパフォーマンスとの統合）」となっており、リスクは戦略やパフォーマンスと一体のものであることが強調されている。「ＣＯＳＯ ＥＲＭ：二〇一七」では、戦略策定時や日常業務においてもリスクを関連づけて意思決定を行うことが有意義であることや、目標とするパフォーマンスを達成するためにはどの程度のリスクがあるかを把握し、そのうちどれだけリスクを取れるかを決定することが有効であるとされている。これらは伝統的な日本企業にとってあまり馴染みのない実務であることから、今後、経営者等が検討すべき課題の一つとなると考えられる。

「ＣＯＳＯ ＥＲＭ：二〇一七」フレームワークで提唱されているリスクプロファイルの活用により、これまで定量的に捕捉が困難であったパフォーマンスとリスク量の相関関係が可視化され（リスクカーブ）、事業戦略・目標に適合した取るべきリスク（リスク選好）の設定が可能となっている。これにより、明確なパフォーマンスターゲットを設定し、継続的で高度なリスク管理を実現、リスク選好・受け入れられるリスクの最大量（リスクキャパシティ）の把握による適時・適格な撤退判断、および代替策の実行が可能となる。つまり、リスクが戦略における意思決定に非常に重要であり、一体化して

図2-4　「COSO ERM: 2017」リボン

（出所）The Committee of Sponsoring Organizations of the Treadway Commission, Enterprise Risk Management: Integrating with Strategy and Performance, September, 2017.

管理されるべきであることが主張されている。

「COSO ERM：二〇〇四」フレームワークにおいては、ERMは八つの相互に関連する構成要素（①内部環境、②目的の設定、③事象の識別、④リスクの評価、⑤リスクへの対応、⑥統制活動、⑦情報と伝達、⑧モニタリング）からなるとされ、COSO ERMキューブとして図示化されていた。他方「COSO ERM：二〇一七」フレームワークでは、構成要素自体が見直され、五つの相互に関連する構成要素（①ガバナンスとカルチャー、②戦略と目標設定、③パフォーマンス（実行）、④レビューと見直し、⑤情報、伝達と報告）が示されており、COSO ERMキューブは廃止された。そして、リスク、戦略、パフォーマンスの関連性をより明確にするために、図2-4のようにリボン様で図示している。また、いずれの事業体においても容易にERMが導入できるように、原則主義的アプローチを導入し、表2-6のように構成要素に紐づいた二〇の原則を設定している。

しかしながら、米国におけるリスクマネジメントは、コスト管理や保険管理の視点から構築された歴史と事実がある。例えば、ギャラガー（Gallagher）がリスク管理や安全にどの程度までコストをか

表2-6　COSO ERM: 2017における5つの要素と20の原則

第1要素	リスクガバナンスとカルチャー	(1)取締役会によるリスクの監視を行う
		(2)業務構造を確立する
		(3)望ましいカルチャーを定義づける
		(4)コアバリューに対するコミットメントを表明する
		(5)有能な人材を惹きつけ，育成し，保持する
第2要素	戦略と目標設定	(6)事業環境を分析する
		(7)リスク選好を定義する
		(8)代替戦略を評価する
		(9)事業目標を組み立てる
第3要素	パフォーマンス	(10)リスクを識別する
		(11)リスクの重大度を評価する
		(12)リスクの優先順位づけをする
		(13)リスク対応を実施する
		(14)ポートフォリオ視点を策定する
第4要素	レビューと修正	(15)重大な変化を評価する
		(16)リスクとパフォーマンスをレビューする
		(17)全社的リスクマネジメントの改善を追求する
第5要素	情報，伝達および報告	(18)情報とテクノロジーを有効活用する
		(19)リスク情報を伝達する
		(20)リスク，カルチャーそしてパフォーマンスについて報告する

（出所）The Committee of Sponsoring Organizations of the Treadway Commission, Enterprise Risk Management: Integrating with Strategy and Performance, September, 2017 を基に著者作成。

けることが可能なのかという問題提起をし、保険手当のタイミングと方法、そして保険コストをいかに最小限化できるか、などに言及。メーアとヘッジズ（Mehr & Hedges）は、リスクマネジメントにおいては企業活動にかかわるすべてのリスク（ビジネスリスク）を対象とするのではなく、ある特定のタイプのリスク（純粋リスク）を対象とすべきであると提唱。さらにウイリアムスとヘインズ（Williams & Heins）は、リスクマネジメントは「広義におけるリスクマネジメントは、リスクの確認・測定・コントロールを通じて、最小の費用でリスクの不利益な影響を最小化することである」と定義し、バリーニ（Baglini）などは企業の資金運用の視点から、「マネジメントの目的とは、ロスコントロールとロスファイナンスの最善の組合せによって、純粋危険の費用を最小化するような企業資金配分を可能とする経済プロセスである」と提唱するなど、米国では保険管理型のリスクマネジメント理論が発展、現在でも多くの企業のリスクマネジメントとして定着している。このことからＣＯＳＯが所在する米国における企業の「ＣＯＳＯ　ＥＲＭ：二〇一七」の活用状況と事例は今後の研究の対象となると考える。

⑧「ＩＳＯ三一〇〇〇：二〇〇九」のリスクマネジメントＰＤＣＡサイクル

リスクマネジメントに関する国際標準規格「ＩＳＯ三一〇〇〇：二〇〇九」（Risk management-Principles and Guidelines：リスクマネジメント‐原則及び指針）はすべての組織、すべてのリスクに適用できるトップレベルの規格である。「ＩＳＯ三一〇〇〇：二〇〇九」の特徴は、すべてのリスクを運用管

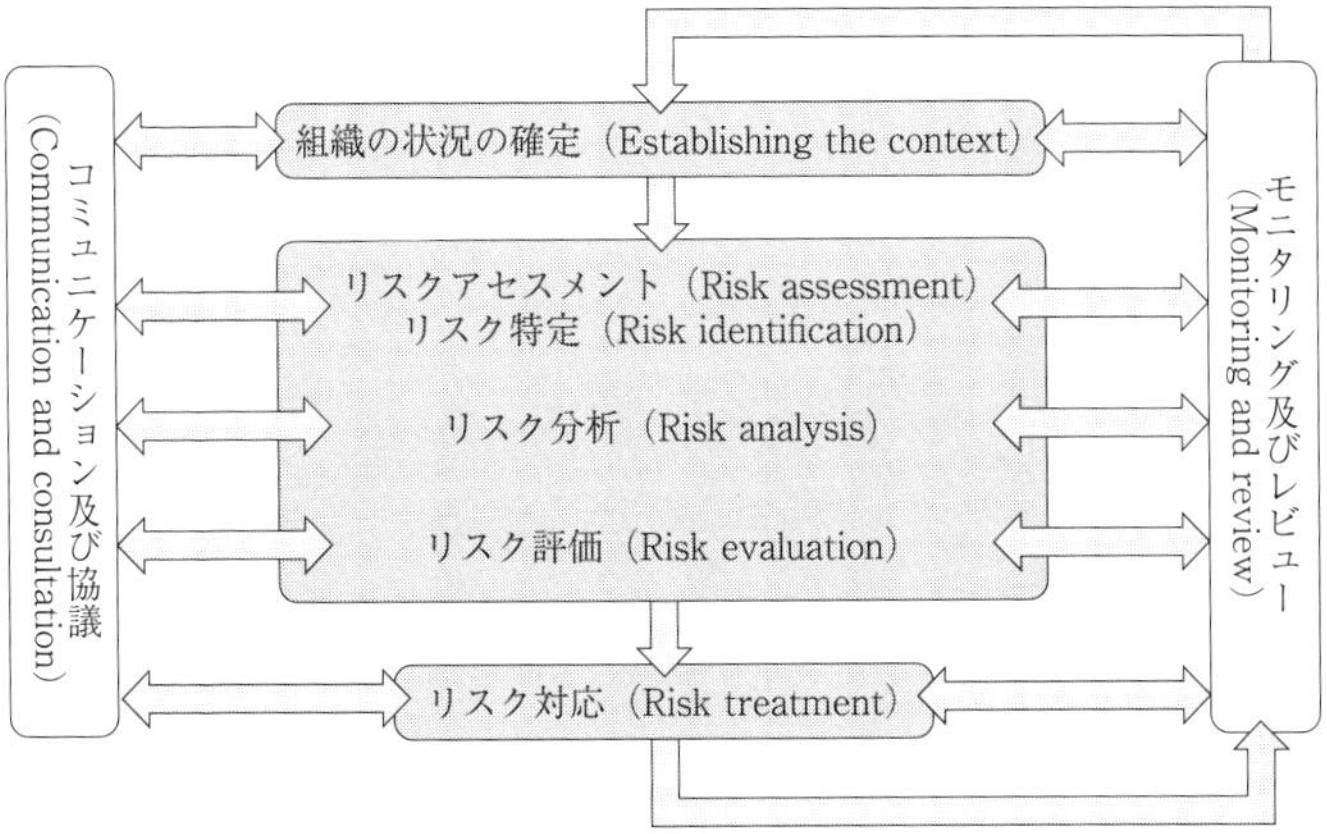

図２－５　リスクマネジメントプロセス

（出所）「ISO 31000: 2009」（Risk management-Principles and Guidelines）。

理するために汎用的なプロセスと、そのプロセスを効果的に運用するための枠組み（フレームワーク〔ＰＤＣＡサイクル〕）を提供していることと、組織としてのリスクマネジメントの運営に必要な要素と各要素の有機的な関係を示していることである。また、企業活動における継続的改善を可能にするものとして、その枠組みとリスクマネジメントプロセスの両方を兼ね備えている点で有効性が高く、非常に有益な効果をもたらすと考える。リスクを「目的に対する不確かさの影響」と定義し、リスクマネジメントは「リスクについて、組織を指揮統制するために調整された活動」と定義している。「リスクマネジメント－原則及び指針」は以下の通りであり、リスクマネジメントプロセスは図２－５の通りである。

序　文

一　適用範囲

二　用語及び定義

三　原　則

四　枠組み

四・一　一　般

四・二　指令及びコミットメント

四・三　リスクを運用管理するための枠組みの設計

四・四　リスクマネジメントの実践

四・五　リスクマネジメントの枠組みのモニタリング及びレビュー

四・六　リスクマネジメントの枠組みの継続的改善

五　プロセス

五・一　一　般

五・二　コミュニケーション及び協議

五・三　組織の状況の確定

五・四　リスク・アセスメント

五・五　リスク対応

五・六　モニタリング及びレビュー

五・七　リスクマネジメントプロセスの記録作成

（「ＩＳＯ三一〇〇〇：二〇〇九」〔Risk Management-Principles and Guidelines〕）

リスクマネジメント活動構築の具体的な手順として、①置かれている状況の確定、②リスク特定、③リスク分析、④リスク評価、⑤リスク対応、⑥モニタリングおよびレビュー、⑦コミュニケーションおよび協議、を提供している。特に①の「置かれている状況の確定」では、解決するべき目標の設定を含む課題の定義がなされている。解決すべき課題は何か、業務の目的は何か、目指すべき目標はどこにあるのか、適用範囲はどこまでか、課題を検討する場合の外部の条件（法律、規制の内容、外部のステークホルダーの要求、社会、文化、経済などの外部環境など）、組織の条件（組織構成、役割と責任、投入できる経営資源、採用や準拠すべき規格やルールなど）などを確認し、置かれている状況を認識するステップである。これまでもリスク対応の選択肢として、回避、最適化（低減）、移転、保有の四つの考え方があり、中でもマイナスリスクを減少させることを考える場合には低減、プラスリスクを最大化することを最適化してきた。

「ＩＳＯ三一〇〇〇：二〇〇九」では、よりリスクを詳細に考察することにより七つの対応の選択肢を提示している。それは、Ａ：リスクを生じさせる活動を開始または継続しないことと決定することによって、リスクを回避する、Ｂ：ある機会を追求するために、そのリスクを取るまたは増加させる、Ｃ：リスクの源を除去する、Ｄ：起こり易さを変える、Ｅ：結果を変える、Ｆ：一つまたはそれ以上の他者とそのリスクを共有する（契約およびリスクファイナンス含む）、Ｇ：情報に基づいた意思決定によって、そのリスクを保有する、である。これをこれまでの四つの考え方と比較すると、回避－A、最適化（低減）－B、C、D、E、移転－F、保有－G、と整理ができる。この中で最も大きなリスクを増大させてしまうインパクトを示すものはBの「ある機会を追求するために、そのリスクを取るまたは増加させる」である。戦略リスクや財務リスクにおけるリスクマネジメントにも適用できる選択肢を「ISO三一〇〇〇：二〇〇九」は提供している。移転については、例えば損失への対策における保険は、契約により保険会社にリスクを移転するとの概念が基本であったが、二一世紀に入ってからの世界や社会状況の観点から、社会的損失の合計は保険会社に移転しても全体としては減少していないことから、「ISO三一〇〇〇：二〇〇九」では共有する（share）という概念を用いている。また、プラスをも含むリスクでは、株式や債券などの考え方が共有されることによって成り立つことが理解できる。

リスクマネジメントの原則、フレームワーク、そしてプロセスの関連性を表したのが図2－6である。リスクマネジメントのフレームワークは、P（リスクを運用管理するための枠組みの設計）、D（リスクマネジメントの実践）、C（枠組みのモニタリングおよびレビュー）、A（枠組みの継続的改善）の継続的改善の考え方を取り入れているため、比較的容易に組織活動への組込みが可能である。このリスクマネジメントプロセスは、企業の活動の様々な意思決定に活用できると共に、企業全体に適用させた場合にはERMの考え方になると考えられる。また、逆にPDCAはCOSO ERMフレームワークに継続的改善機能を与えることができると言える。しかしながら、良質なリスク情報に基づいた意思決定

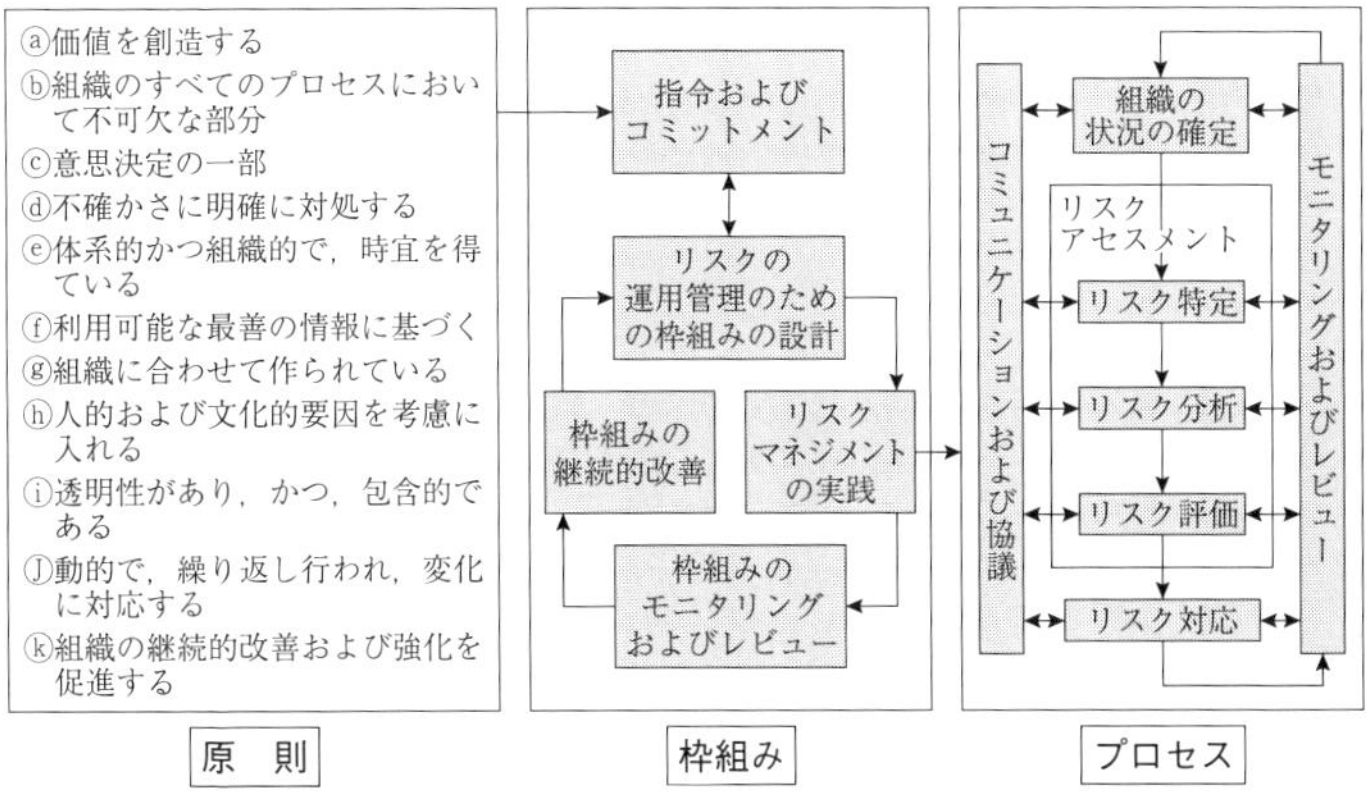

図２－６　リスクマネジメントの原則，フレームワーク，およびプロセスの関係

（出所）「ISO 31000: 2009」（Risk management-Principles and Guidelines）。

がなされない場合には、「ＣＯＳＯ ＥＲＭ：二〇〇四」フレームワークの場合と同様に、最適な意思決定を実現することは困難である。

⑨「ＩＳＯ三一〇〇〇：二〇一八」と原則・枠組み・プロセス

「ＩＳＯ三一〇〇〇：二〇一八」が二〇一八年二月に発行された。改訂の主なポイントは、①規格全体の簡略化、②八原則への再編成、③図の刷新、である。①規格全体の簡略化では、リスクマネジメント導入組織の多様性を考慮して、その利便性と適用性の向上のために、簡潔な構成や内容に変更されている。特筆すべき点として原則（principle）の用語定義の合理化、フレームワークとプロセスにおける記載事項の合理化、などがある。②八原則への再編成では、「ＩＳＯ三一〇〇〇：二〇〇九」では一一の原則であったものを、八原則へ簡素化されている。中でも「価値の創出と保

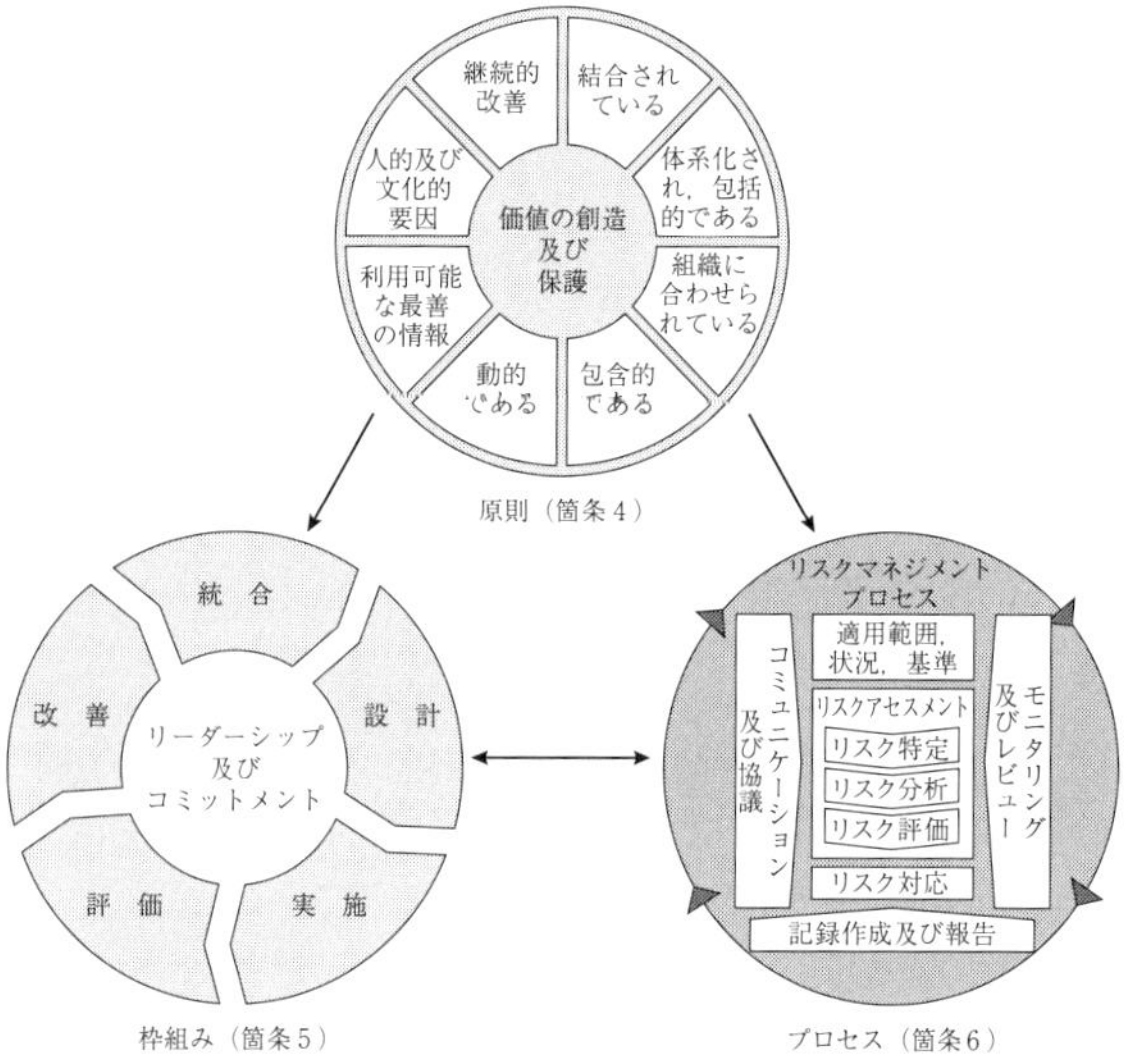

図2-7　原則，枠組みおよびプロセス

（出所）「ISO 31000: 2018」（JIS Q 31000: 2019）。

護」については原則以前のリスクマネジメントの目的としての位置づけに格上げになっている。③図の刷新では、原則（Principle）、枠組み（Framework）、プロセス（Process）といった三大要素を円形で表現している。原則、枠組み、プロセスの関係は図2-7の通りである。

リスクを「目的に対する不確かさの影響」と定義し、リスクマネジメントは「リスクについて、組織を指揮統制するために調整された活動」と定義している点においては、変更はされていない。「リスクマネジメント――原則及び指針」は以下の通りである。

序文

一　適用範囲

二　用語及び定義
二・一　リスク
二・二　リスクマネジメント
二・三　ステークホルダ
二・四　リスク源
二・五　事　象
二・六　結　果
二・七　起こりやすさ
二・八　管理策
二・九　改訂により本規格から削除された用語
三　原　則
四　枠組み
四・一　一　般
四・二　リーダーシップ及びコミットメント
四・三　統　合
四・四　設　計
四・五　実　施

四・六　評　価
四・七　改　善
五　プロセス
五・一　一　般
五・二　コミュニケーション及び協議
五・三　適用範囲、状況及び基準
五・四　リスクアセスメント
五・五　リスク対応
五・六　モニタリング及びレビュー
五・七　記録作成及び報告

（「ISO三一〇〇〇：二〇一八」〔JIS Q三一〇〇〇：二〇一九〕）

有効なリスクマネジメントの構成要素として示された八つの原則は、以下の表２‐７の通りである。

⑩リスクマネジメントの組織

亀井らはリスクマネジメントの組織体制の四形態の特徴を表２‐８のように示している。

リスクマネジメントの対象が、オペレーショナル・リスクと戦略リスクが統合されたリスクとなっ

表２-７　リスクマネジメント構成要素の８つの原則

統　合	リスクマネジメントは，組織のすべての活動に統合されている
体系化および包括	リスクマネジメントの，体系化され，かつ，包括的な取組み方は，一貫性のある比較可能な結果に寄与する
組織への適合	リスクマネジメントの枠組みおよびプロセスは，対象とする組織の，目的に関連する外部および内部の状況に合わせられ，均衡がとれている
包　含	ステークホルダーの適切で時宜を得た参画は，彼らの知識，見解および認識を考慮することを可能にする。これが，意識の向上，および十分な情報に基づくリスクマネジメントにつながる
動　的	組織の外部及び内部の状況の変化に伴って，リスクが出現，変化または消滅することがある。リスクマネジメントは，これらの変化および事象を適切に，かつ，時宜を得て予測し，発見し，それらの変化および事象に対応する
利用可能な最善の情報	リスクマネジメントへのインプットは，過去及び現在の情報，並びに将来の予想に基づく，リスクマネジメントは，これらの情報および予想に付随する制約および不確かさを明確に考慮に入れる。情報は時宜を得ており，明確であり，かつ関連するステークホルダーが入手できることが望ましい
人的要因および文化的改善	人間の行動および文化は，それぞれのレベルおよび段階においてリスクマネジメントのすべての側面に大きな影響を与える
継続的改善	リスクマネジメントは，学習および経験を通じて継続的に改善される

（出所）「ISO 31000: 2018」（JIS Q 31000: 2019）より著者作成。

ている現在では、C型の経営戦略型リスクマネジメントに対応した組織体制が必要である。この組織体制には、全体をコーディネートするリスクマネジメント委員会（RMC）とリスクマネジメント委員会事務局（RMCS）が設置される。全社の重要リスク対策に関する意思決定はこのRMCでなされることとなり、その最高執行責任者がチーフリスクオフィサー（CRO）である。そのサポート機能としてRMCSがある。各部門固有のリスクは各部門のリスクマネジメント担当者（RM担当者）（部門長など）が担当し、意思決

表2-8　企業におけるリスクマネジメントの組織体制の形態

リスクマネジメント（RM）形態	組織体制の具体的な形	組織体制の意義
A型：業務管理型リスクマネジメント（安全管理型／保険管理型）	①財務部門，法務部門などに1セクション（1業務分野）として従属	①「各部門で担当するRM」の実施セクション
	②各部門の業務固有のリスク処理について，各部門におけるリスク処理体制の確立	②リスク処理の業務的意思決定の主体
B型：経営管理型リスクマネジメント	独立したRM部門の設置	①「管理部門または専門の担当部署で対応するRM」における運営組織
		②リスク処理の管理的意思決定の主体
C型：経営戦略型リスクマネジメント（統合型RM／全社的RM／ERM）	①トップマネジメント層にRMの担当役員（CRO）を設置	①「全社的対応が要求されるRM」の統括組織
	②トップマネジメント直属の独立スタッフ組織を設置	②リスク処理の戦略的意思決定の主体
D型：危機管理型リスクマネジメント	①（平常時）日常的な防災管理を担当する専門組織	①「有事・緊急事態に対処するための危機管理」の組織
	②（有事）緊急事態に際して招集される全社的な緊急組織	②有事・緊急事態における意思決定の主体

（出所）亀井利明・亀井克之（2004：224-227）を基に著者作成。

定を行う。リスクマネジメント体制のイメージとしては、全社リスクマネジメント（全社重要リスク対応）の中に、各部門リスクマネジメント（各部門固有リスク対応）が存在している。報告の流れとしては、各部門での意思決定内容とリスクマネジメント活動はRMCに報告され、RMCでの意思決定内容とリスクマネジメント活動は取締役会に報告されるという流れをとることから、意思決定プロセスは全社で三つ存在することになる。従って、次元は異なるがそれぞれの意思決定プロセスが機能するための要件を満たしている必要がある。

第一に、意思決定の基本手順である、目的・目標設定→選択肢抽出→選択肢フィルタリング→選択肢評価→選択肢決定、が組み込まれていること。第二に、複数の選択肢（メリットとディメリットを明確にする）を準備し、企業の目的・目標達成実現に対して「成果の大きさに強い影響を与える」を判断基準として優先順位づけを行うこと。また、目的・目標が明確でない場合にはＳＷＯＴ分析を活用して選択肢を抽出することも有効である。最終段階での意思決定となる選択肢の絞り込みでは、客観的判断の指標として最大の効果を発揮することに対する「成果度評価」と自らが選択肢を実現できるかどうかの「自社適応度評価」の二つに関しての評価軸、具体的評価内容でそれぞれ評価を行うことが肝要である。

次に、改めてリスクマネジメントにおける意思決定の選択肢を最適対策の観点から考えてみる。

『リスク引受か回避か』企業は本業やＭ＆Ａ、金融取引を通じて、特定のリスク・エクスポージャーの増減を決定することが可能である。これには、開発、市場の拡張、事業の買収と売却、設備投資や財務活動も含まれる。

『リスク削減／低減』定められたリスク許容水準の範囲内で特定のリスクを管理するため、リスクコントロールのプロセスと戦略を確立する。これに必要なものは、明確なリスク許容水準、リスク管理方針、リスクの計測とモニタリング制度、リスクコントロール戦略と不測の事態への対応と共に、リスクアペタイトを定めることも含まれる。

『リスクベースのプライシング』 企業は事業を行うためにリスクテイクするが、引き受けたリスクに見合う報酬を得る唯一のプロセスを設定する。

『リスク移転』 リスク・エクスポージャーが過剰あるいはリスクの移転コストが保有コストよりも低い場合、保険や資本市場を通してリスク移転戦略を実行する。

『資源配分』 企業価値を最大化するために、最も高いリスク調整済み利益を生む事業活動に人材や財源を割り当てる。以上の五項目に関し、客観的な数値や計数関数などから得られる根拠に基づき判断基準とすることが最適な意思決定の可能性を高めることになると考える。

また、組織体制としての取締役会、ＲＭＣ、各部門、の三つの意思決定プロセスの観点から考えることも重要である。リスクマネジメントは企業にとってはリスク顕在化に対する防衛線と言える。そして、第一防衛線としては支援機能（人的資源や情報技術など）に支えられた各部門である。各部門は業務の固有リスクの計測と管理について、最終的な責任をもつ。しかし、利益を生み成長を実現するためにはある程度のリスクを引き受けた上で経営目標を達成する必要がある。主要なリスク管理に関する決定には、日常の業務においてリスクの引受あるいは回避、製品のリスクベースでのプライシングや顧客管理、周到なリスク移転戦略とリスク事象に対応したコンティンジェンシー・プランの導入も含まれる。第二防衛線はＣＲＯ／ＥＲＭ／コンプライアンス機能に支えられたＲＭＣである。リスク方針と基準、リスクアペタイトと許容度、そして取締役会や経営への報告プロセスを含んだ、リスクとコンプライアンス・プログラムの確立と導入に責任をもつ。また、同時に継続的なリスク・モニタリングと監督の責任も有している。ここでのリスク管理の意思決定には、最も高いリスク調整済み利益を生む事業活動への財源や人的資本の割当て、本業もしくはＭ＆Ａによる成長戦略の実行、そして過剰あるいは非経済的なリスク・エクスポージャーを削減するためのリスク移転戦略も含まれる。最後に第三防衛線として監査機能に支えられた取締役会がある。取締役会はリスクガバナンス体制と監視プロセスを構築する責任があり、具体的にはリスク管理方針の検証、異議申し立てと承認、戦略実行・リスク管理・執行役の報酬プログラムの監視である。また、取締役会はリスク管理の実効性に関する定期的な検証と保証に関しても責任を有している。リスク管理の意思決定には、リスクアペタイトの記載内容とリスク許容水準の策定、資本構造・配当政策・負債の目標格付に関する経営陣の推奨の検証と承認、主要な投資や取引を含む戦略的リスク管理の意思決定に関する検証と承認などがある。

最適な意思決定を機能させる条件として、①企業の目的意識にかなった良質なリスク情報の収集と客観的判断の指標を獲得することを可能とする分析・評価が実行されること、②意思決定プロセスが明確に存在していること、が挙げられる。つまり、リスクマネジメントの目的目標設定→選択肢抽出（複数）→選択肢フィルタリング（優先順位づけ）→選択肢評価→選択肢決定、をいかに組織内の三つの意思決定プロセスに組み込むことができるかと共に、実際に意思決定の場において、牽制力が発揮されるかどうかによると考える。

さて、最適な意思決定の質は意思決定者自身の置かれた状況、情報の共有のされ方、そして意思決定者の過去の経験からも影響を受けることを見逃すことはできない。意思決定を人間が行う限り、ヒューリステックスやバイアスなどから影響を受けることになる。ヒューリステックスとは回答までのプロセスを省略して結論に至る問題解決法であり、バイアスとか意思決定者の心情に影響して判断を偏らせる現象である。良質な意思決定を得るためには重要な検討事項であるが、本研究ではリスクマネジメントのフレームワークと意思決定プロセスを対象としていることから、意思決定におけるパーソナル視点からの影響に関する検討は今後の研究課題とする。

⑪「COSO ERM：二〇〇四」の組織体制の構築

「COSO ERM：二〇〇四」は組織体制の構築にあたり、事業体の特性と共に、統制活動のあり方、役割と責任の付与、情報と伝達、を重要な要素としている。事業体の組織構造は、事業体の活動を計画、実行、コントロールそしてモニタリングする場合のフレームワークを提供し、適切な組織構造の中には、権限と責任という重要な領域を定義すること、ならびに適切な報告ラインを確立することが含まれる必要がある。事業体は、そのニーズに適した組織構造を開発することが肝要である。例えば、集中化された組織構造、分散化された組織構造、直線的な報告ラインをもつ組織構造、マトリックス組織、産業別または製品ライン別に組織化された組織構造、地域別に組織化された組織構造、特定の物流ネットワークやマーケティング・ネットワーク別に組織化された組織構造、機能別に組織化された組織構造（行政機関・NPO）などが一般的に見られる。いずれの組織構造であっても、事業体はＥＲＭの有効性が発揮され、また事業の目的の達成に向けた活動が実施できるように組織化されなければならない。

統制活動のあり方としては、経営者のリスク対応策が実行されていると保証するために役立つ方針および手続きを基本として、すべての階層やすべての機能部門で、組織全体にわたりリスク対応策が浸透していなければならず、承認、権限の付与、検証、照合、業績のレビュー、資産の保全および職務の分離など、多岐にわたる多様な活動が含まれる。統制活動は、経営者のリスク対応策が実行されていることを保証するために、直接もしくは技術の適用を通じて、リスク対応策実行の方針を導入しようとする人間の行動である。統制活動は、関連する事業体の目的（戦略、業務、報告、コンプライアンス）の性質に基づいて八つのカテゴリー（内部環境、目的の設定、事象の識別、リスクの評価、リスクへの対応、統制活動、情報と伝達、モニタリング）に分けることができ、最終的に経営トップレベルのレビューで完結をみる一連のサイクルである。役割と責任の付与とは、個人やチームに、問題への取組みや問題の解決に当たってのイニシアチブを発揮するように付与した権限の程度と、また同様にその権限に対する制限の程度を意味する。

最も重要な課題は、目的の達成に必要な範囲に限っての権限を委譲することである。これは、いかなるリスクを許容し、それをどのようにして管理するか判断するために、リスクの大きさに従って分類し、潜在的な損失と利益の大きさをウエイトづけする作業など、リスクの識別とその評価をするための健全な方法に基づいて意思決定が行われていることを保証することである。

もう一つの課題は、組織内のすべての者が、事業体の目的を理解していることを保証することである。各個人が、自分の行動がいかに相互に関係し、事業体の目的の達成にいかに貢献しているかを知ることは極めて重要である。経営者が必要に応じて意思決定を却下するとか、意思決定を受け入れるために結果をモニターするための有効な手続きの認定が必要となる。それは一度意思決定が行われた場合でも、権限が委譲された結果、好ましくない、あるいは予期していなかった意思決定が増える場合があり、この場合に経営者が一度決定した意思決定を無効とするため、あるいはそれを受け入れて実行させるためには、意思決定された時の状況を把握することが必要となるのである。事業体で働く全員（取締役会、経営者、リスク担当責任者、財務担当責任者、内部監査人、そして事業体内のすべての個人）は、ＥＲＭに対して何らかの実行責任を有しており、経営最高責任者（CEO: Chief Executive Officer）が最終的実行責任をもち、「オーナーシップ」を引き受けるべきであり、その他の経営者はリスクマネジメントの考え方を支持すると共に、リスク選好の遵守を推進し、責任の範囲内でリスク許容度に応じたリスクを管理しなければならず、その他の組織内のすべての者は確立された方針と規約に従ってＥＲＭを遂行する責任を有している。

取締役会はＥＲＭに対して重要な監視を行い、ＥＲＭはそれぞれに重要な責任を担う多くの関係者によって実行されることになる。ＥＲＭを監視する機能（モニタリング、指導、指示）をもつ取締役会は、ＣＥＯを選定することにより、取締役会は誠実性と倫理観における期待を明示する重大な役割をもち、またその監視活動を通じて期待していることが実現されているかを確認することができると共に、ＣＥＯに説明責任を負わせている。取締役会は一定の重要な意思決定の権限を保持することで、戦略の設定、ハイレベルな目的の設定、ならびに広範にわたる資源配分を実施する役割を果たす。取締役会のＥＲＭに関する役割は、①ＣＥＯが組織内に有効なＥＲＭを確立してきた程度の確認すること、②事業体のリスク選好を認識してそれに同意すること、③事業体のリスクについてポートフォリオの視点からレビューし、事業体のリスク選好に照らしてそれを検討すること、④最も重大なリスクとこれにＣＥＯが適切に対応しているかについて報告を受けること、⑤その任務のいくつかを遂行する際に委員会を用いることができること、である。

委員会の機能は事業体によって異なるが、代表的な委員会としては、指名・ガバナンス、報酬、リスク、コンプライアンスおよび監査委員会があり、各々の委員会はＥＲＭの重要な構成要素となる。事業体において、ＣＥＯはＥＲＭに対する最終的なオーナーとして実行責任を負っている。この実行責任の最も重要な視点の一つは、良好な内部環境の存在を保証することである。ＣＥＯの役割は、①他のいかなる個人や機能部門よりも内部環境要因とＥＲＭの他の構成要素に影響を与えるような気風を設定すること、②ＥＲＭの全構成要素が稼働していることを確かめること、③上級経営者にリーダーシップと方向性を与えること、④上級経営者と共に、事業体のＥＲＭの基礎を形作る価値観と原則、主要業務方針を示すこと、⑤重要な上級経営者と共に戦略目的と戦略、ならびに関連するハイレベルな目的を設定すること、⑥広範にわたる方針を設定し、事業体のリスクマネジメントについての考え方、リスク選好および文化を策定すること、⑦営業、マーケティング、製造、調達、財務および人事等といった主要な機能領域に実行責任をもつ上級経営者と、彼らがどのようにリスクマネジメントを実施するかを含めて彼らの実行責任をレビューするため、定期的な会合を開くこと、⑧業務に固有のリスク、リスクへの対応、必要なコントロールや改善、ならびに進行中の取組み状況について常に知識を求め、この責任を履行するためにＣＥＯは必要とする情報を明確に定義しなければならないこと、等々である。ＣＥＯは事業体におけるＥＲＭの有効性を発揮させる重要な責任を負っている。

リスク担当責任者（CRO: Chief Risk Officer）は、ＣＥＯの直接の指名によって設置され、子会社、事業、部門、機能、活動にわたって横断的にＥＲＭの実施を支援する経営資源を使用することが可能であり、関連リスク情報を事業体の上下、横断的に報告することに関して、進捗状況をモニタリングし、他の管理者を支援する責任を負っている。ＣＲＯの実行責任が、ライン管理者に〝支援と促進〟をもたらすスタッフ機能を明確に設定し、この役割の機能が十分に発揮され、ＥＲＭが有効となるためには、ライン管理者はそれぞれの領域における第一義的な実行責任を負い、リスクマネジメントに関する説明責任を果たすことが求められる。ＣＲＯの実行責任は、①ＥＲＭ方針を確立し、事業単位毎のＥＲＭの権限と説明責任の枠組みを設定する、②ＥＲＭの技術面での専門能力の開発を容易にし、ライン管理者がリスクへの対応と事業体のリスク許容度を適切に組み合わせているかをＣＥＯに報告し、必要に応じて対処を勧告しなければならない、である。

⑫「ＣＯＳＯ ＥＲＭ：二〇一七」の組織体制の構築

事業体の価値は、全社的な戦略の決定から日々の意思決定まで、ＣＥＯが行う意思決定を通じてそのほとんどが決定される。それらの意思決定により、価値が創造されるか、維持されるか、実現されるか、あるいは損なわれるかが確定することとなる。従って、戦略的意思決定を可能とする組織体制の構築が求められ、戦略とパフォーマンスを一体化させたリスクマネジメントを実現する組織体制の構築が必要となる。戦略とは、組織のミッションとビジョンを達成し、そのコアバリューに適合する計画であり、戦略リスクとはその計画の達成により享受される利益と計画の達成を阻害するものである。従って、「ＣＯＳＯ ＥＲＭ：二〇〇四」でマイナスの影響を与える事象であるとされたリスク（オペレーションリスク・信用リスク・市場リスク等）にさらに「戦略リスク」における計画の達成を阻害する事象を追加した「パフォーマンスリスク」、およびプラスの影響を与えるとされた「戦略リスク」の達成により享受できる利益としての事象である「オーバーエスティメイトリスク（上振れリスク）」の二つが「ＣＯＳＯ ＥＲＭ：二〇一七」フレームにおけるリスクマネジメントの対象となる。

これまで見過ごされる傾向があった「戦略リスク」における計画の達成を阻害する事象をクローズアップしたことにより、ＣＥＯによるビジネス上の方針転換（事業の再編や撤退、製品やサービスの変更等）に関する意思決定をより可能なものとしている。さらに戦略の実行による設定目標に対する想定外の事象（上振れ効果とその影響）をリスクとしてＣＥＯに認知させたことは画期的である。この点において、ジェームズ・ラム（James Lam）が唱える戦略リスクの概念である「戦略リスクは、企業および事業戦略（例えば、M&A：合併と買収、成長戦略、製品刷新）に欠陥があったり非効率だったりするリスク」を包括している点からもCEOにコミットメントを促進させた点において先進的であると言える。また、ERMは戦略策定に影響を与えるものであり、戦略策定にERMを活用する事業体は、CEOに対し、「パフォーマンスリスク」への対応策を提供することにより事業の計画達成と、さらに「オーバーエスティメイトリスク」への対応策として代替的な戦略を検討し、特定の戦略を採用する際に考慮すべきリスク情報を提供することが可能となる。

「COSO ERM：二〇一七」では「COSO ERM：二〇〇四」が求める組織体制に加えて、取締役会と取締役会が設置する特別委員会の機能が強化されている。取締役会が、戦略を監視し、ガバナンスの責任を果たすことにより、CEOが戦略と事業目標を達成できるように支援ができることを可能とする組織体制を求めている。有効に機能する取締役会は、日常のリスク管理責任から離れ、ERMの実務に対するレビューによりCEOに対して、リスクを監視する責任を負い、リスクマネジメント委員会（RMC：Risk Management Committee）のような取締役会により設置された委員会に対して取締役会レベルの責任を委譲する。RMCは「ERMに対する直接的監視を確立し、監査委員会の権限やリソースを利用できる領域を超える非財務分野の全社的リスクに重点を置く」と機能が明確にされている。リスク監視は、取締役会が事業体の戦略、事業の複雑さ、経営環境の変化を理解し、関連する問題に通じていることが必要となるため、RMCにより適切な情報が共有されることが望ましい。

CEOは事業体のミッション、ビジョンおよびコアバリューと整合するように、事業体の戦略と事業目標を計画、策定、そして遂行することが求められており、戦略に伴うリスクが事業体全体でどのように発生するかについての情報を必要としている。そのような情報を収集するためにＣＥＯはＲＭＣに責任を委譲する。ＲＭＣの構成員はＣＥＯから指名もしくは選ばれた経営幹部か上級管理職である。

そして、ＲＭＣは業務構造と報告経路と結びついていなければならない。「ＣＯＳＯ ＥＲＭ：二〇一七」では、事業体は事業目標を達成するために、業務構造を確立し報告経路を設定することを求めている。業務構造とは、事業体が日々の業務をどのように計画し、実施するかを示している。事業体は業務構造を通して、リスクを管理し、事業体のコアバリューと結びついた実務を策定し、遂行する。報告は、事業体で働く全員が、リスク、カルチャー、パフォーマンスの関係を理解し、戦略策定、目標設定、ガバナンス、および日常の業務の意思決定を改善することをサポートするものである。事業体が業務構造を確立および報告経路を設定し、評価する際に検討すべき事項としては、①事業体の戦略および事業目標、②事業体の業務の性質・規模・地理的分布、③事業体の戦略および事業目標に関するリスク、④事業体のすべての階層に割り当てられる権限・説明責任・執行責任、⑤報告経路の種類（例えば、直接的な報告・切れ目のない経路と二次的報告）と伝達経路、がある。

⑬経営戦略と「ＣＯＳＯ ＥＲＭ：二〇一七」の組織体制の構築

経営戦略を遂行するリスクマネジメントの形態に関しては、前述の通り、亀井らが経営戦略型リスクマネジメントを示している。経営戦略型リスクマネジメントは、全社的レベルのリスク管理、部門レベルのリスク管理に対する助言、助力、調整、監視等の機能を遂行するものである。経営戦略型リスクマネジメントは全般管理や部門管理に対するコンサルタント機能の遂行であり、全社的レベルのリスク管理や部門レベルのリスク管理の意思決定へのサポートや助言にとどまる。経営戦略型リスクマネジメントにおける意思決定に関して亀井らは次のように論じている。「いうまでもなく、意思決定はある事実決定の瞬間のみを意味するものではなく、その決定に至るプロセス全体を意味する。リスクマネジメントにおける意思決定の構成要素として、①情報活動：危険に関する調査と情報収集、分類、整理、②企画活動：情報の評価、分析、危険処理手段の抽出、③選択活動：危険処理手段の比較、検討、選択、の三点が考えられる。リスクマネジメント部門は意思決定活動の全部またはそのいずれかに関与し、リスクコンサルタント機能を発揮することとなる。」この点から、「COSO ERM：二〇一七」フレームワークを実行可能とする組織体制は経営戦略型リスクマネジメントが基本となると考えられる。

この組織体制には、全体をコーディネートするRMCとリスクマネジメント委員会事務局（RMCS：Rsik Management Committee Secretariat）が設置される。全社的リスク対策に関する意思決定はこのRMCでなされ、その最高執行責任者がCROである。そしてサポート機能としてRMCSがある。各部門固有のリスクは各部門のRM担当者（部門長など）が担当し、意思決定を行う。イメージとしては全社リスクマネジメント（全社的重要リスク対応）の中に、各部門リスクマネジメント（各部門固有リスク対応）が存在している。報告の流れとしては、各部門での意思決定内容とリスクマネジメント活動はＲＭＣに報告され、ＲＭＣでの意思決定内容とリスクマネジメント活動は取締役会に報告されることから、意思決定プロセスは全社で三つの存在が挙げられる。ただし、企業においては一般的に経営企画や営業およびマーケティング機能を有する部門が戦略リスクの主幹部門であり、経営会議等で議論された後に取締役会に上程されて意思決定されるといった組織プロセスである。従って、「ＣＯＳＯ ＥＲＭ：二〇一七」は戦略とパフォーマンスを統合させていることからも、これまでのＲＭＣの機能に「パフォーマンスリスク」および「オーバーエスティメイトリスク」を統括する責任と役割を付与する必要があると共に、事業体内部での意識改革が不可欠となる。

註

（1）Bernstein, Peter L.,（1996）*Against The Gods*, John Wiley & Sons, Ltd, 23.
（2）ＩＳＯ三一〇〇〇：二〇〇九、"Risk management-Principles and guidelines".
（3）Banks, Erik,（2004）*Alternative risk transfer*, John Wiley & Sons, Ltd, 3.
（4）『リスクマネジメント事典』（『危険と管理』第四七号、日本リスクマネジメント学会、二〇一六年）、九〇～九七頁、「リジコポリティク」参照。
（5）亀井克之『フランス企業の経営戦略とリスクマネジメント』法律文化社、一九九八年、一五五頁。
（6）『リスクマネジメント事典』（『危険と管理』第一六号、日本リスクマネジメント学会、一九九八年）、七一～七三頁、「リスクマネジメントサイクル」参照。

（7）Charbonnier, Jacques,（1983）*Pratique du risk management,* L'Argus, 137.
（8）Gallagher, Russell B.,（1956）"Risk Management: New Phase of Cost Control", *Harvard Business Review,* Vol. 34, No. 5, 75-86.
（9）森宮康『リスク・マネジメント論』千倉書房、一九八五年、一〇頁。
（10）Rennie, Robert,（1961）"The Measurement of Risk", *The Journal of Insurance,* March, 83-91.
（11）Mehr, Robert and Bob. A. Hedges,（1963）*Risk Management in the Business Enterprise,* Richard D. Irwin, vii-viii.
（12）*Ibid.,* viii.
（13）Williams, C. A. Jr. and Richard M. Heins,（1964）*Risk Management and Insurance,* McGraw-Hill Book Company, 11.
（14）Baglini, N. A.,（1974）*"Risk Management In American Multinational and International Corporation",* University Microfilms International, 4.
（15）前掲森宮康、一三頁。
（16）亀井利明『危機管理とリスクマネジメント』同文舘出版、一九九七年、六頁。
（17）Green, M. R., Oscar N . Serbein,（1983）*Risk Management: Text and Cases, 2nd edition,* New York, US: Brady.
（18）前掲亀井利明、一五～二四頁。
（19）Waring, A. E. and Ian Glendon,（1998）*"Managing Risk. Cengage Learing EMEA",* 12.
（20）石井至「観光のリスクマネジメント」『危険と管理』第四九号、日本リスクマネジメント学会、二〇一九年。

（21）中央青山監査法人『全社的リスクマネジメント　フレームワーク編』二〇〇六年、五頁。

（22）ＩＳＯ三一〇〇〇：二〇〇九。

（23）Crouhy, Michel, Dan Galai, and Robert Mark,（2014）*"The Essentials of Risk Management 2nd Edition"*, McGraw-Hill Education, 1-4.

（24）二〇〇二年一一月一九日、ワシントンＤ．Ｃ．での外交問題評議会に先立つグリーンスパン議長の挨拶。

（25）Lam, James,（2003）*"Enterprise Risk Management: From Incentives to Controls"*, John Wilkey & Sons, Inc., 32-55.

（26）前掲 Crouhy, Michel, Dan Galai, and Robert Marks, *op. cit.*, ix-x.

（27）亀井利明・亀井克之『リスクマネジメント総論』同文舘出版、二〇〇四年、一一三〜一一九頁。

（28）Schoemaker, Paul J. H. and Philip E. Tetlock,（2016）"Superforecasting: How to Upgrade Your Company's Judgment", *Harvard Business Review*, May, 12-18.

第3章　戦略リスクとは何か

リスク学

一九八六年にベック(1)(Ulrich Beck)が「リスク社会の到来」をセンセーショナルに指摘して以来、実に多くのリスクについて研究がなされてきた。それは、個別のリスク論から始まり、あらゆるリスクに関して体系的な知識を整理して、リスク学を構築する潮流を創り出している。リスクと共に生きる二一世紀においては、不可欠な領域と言える。リスクとは、人間の生命や経済活動にとって、望ましくない事象の発生の不確実性の大きさ、およびその結果の影響度である。望ましくない事象という曖昧な事象が生起するプロセスやその結果が不確実性を有する。不確実性はリスクに付随する概念であり、確率的なもの、偶発的なもの、未解明なもの、予見不能なもの、交渉条件的なものに分類される。

　また、リスクの源泉の視点からリスクの類型化を試みると、自然災害リスク、都市災害リスク、労働災害リスク、食品添加物・医薬品リスク、環境リスク、バイオハザード・感染症リスク、化学物質リスク、放射線リスク、廃棄物リスク、高度技術リスク、グローバルリスク、社会経済リスク、投資リスク・保険の一三類型となる。(2) これらのリスク類型はすべて不確実性を包含している。その不確実性の評価に顕著な貢献を示しているものには、決定理論による効用・心理量評価、確率・統計論によるリスク評価、そして相対的リスク評価がある。決定理論による効用・心理量評価では、行動選択の際の不確実性の評価と選択行動の規範的、記述的側面を重視している。期待効果理論のように、不確実性を客観的な確率分布として記述する場合と、危機感など心理的な要因に注目して行動規範を主体属性に部分的に帰属させる場合がある。前者では、リスク回避、リスク中立、リスク志向・選好の三つのタイプに区分される。後者では、選好の判断のための測定、属性の確率分布、順序化などの公理的アプローチが展開される。確率・統計論による不確実性の評価は、応用範囲が広く、リスク発生のメカニズムや因果関係を明らかにする試みで活用するのが効果的とされている。相対的リスク評価は、リスクと便益との衡量評価（リスク便益評価）を、目標水準と手段（リスク回避手段）の組合せにより、何らかの手段でリスクと通常の費用便益とを比較し、そのバランスで行動の選択をする。不確実性に満ちた状況にある個人、組織は、事故や災害、致命的な不都合を予見し、それを回避もしくは減少、あるいは克服することに挑戦する。可能な限り客観的に、原因と結果を推定した上で評価を行い意思決定を下そうとする。このような個人や組織、さらに社会そのものの営為も、さらなる技術革新や経済活動やグローバル化によって、より深刻な不確実性の混沌の中でさまようことが余儀なくされる。

不確実性

リスクの本質は不確実性にあるが、その不確実性の根源と考えられるものは何か。それは、第一に、リスクは未来の出来事・事象・イベントであり、それがもたらす不確実性を完全に排除することは不可能という点である。第二に、望ましくない事象という曖昧さは、価値による判断基準の差に依るところが大きく、一義的に定義することは困難である点。第三は、結果事象の大きさの範囲や程度に何を含めるかによって、大きさ自体も異なるといった意味で不確実である。そして第四として、ロスが存在する現実空間は複雑であり、単一のリスクだけで評価することはできない。あるリスクを排除しようとしても、その行為により新たなリスクを発生させることとなる。この対抗リスクに対処するにはリスク間のトレードオフを考慮する必要がある。しかし、総合的な評価ではより大きな想定をする必要があり、不確実性がさらに増大する結果となる。不確実性には、事象の「シナリオに関する不確実性」、「パラメータに関する不確実性」、「モデルに関する不確実性」などの種類がある。さらに不確実性の中には確率的なもの以外に偶発的なもの、未解明なもの、本質的なもの、交渉条件的なもの、性質の異なる不確実性などが混在している。

リスク分類

(3) リスク分類に関しては、二つの側面、つまり①損害と利益の発生の視点、②リスクマネジメントの視点から考察することもできる。

損害と利益の発生の視点では、リスクが発生した場合に、損害のみの発生か、損害または／および利益の発生であるかによって、純粋リスクあるいは投機的リスクと区分される。純粋リスクの要因としては、自然災害、火災、自動車事故等の偶発的で前兆がない状態で発生する恐れがあるものが挙げられる。個別の事象・事故の予測は不可能であるが、多くのデータ収集と分析に基づきリスクを統計的に計数処理にて導き出すことは可能である。投機的リスクは、企業活動、社会的、政治的、環境的、経済的変動に依るものである。リスクの発生に伴い一方には損害、他方には利益の増加がそれぞれ発生する。

リスクマネジメントの視点では、災害リスク、業務リスク、管理リスク、戦略リスク、企業リスク等が挙げられる。

また、発生原因である経済社会との関連および非関連を判断基準に、表3－1の通り静態的リスク（Static Risk）と動態的リスク（Dynamic Risk）に分類することもできる。経済社会の変化、無変化を問わず発生するリスクが静態的リスクである。例えば、自然災害、火災、盗難等のように社会が平常状態において発生し、一度発生すると損害のみ生じ、偶然的であり不規則である。動態的リスクは、経済社会の変動を原因としており、例えば技術の進歩、制度の変化、市場の変化、社会の変化、政治の変化、環境の変化、景気の変化等が原因として挙げられる。

表3-1　静態的リスクと動態的リスクの分類

静態的リスク	動態的リスク
火　災	技術の進歩 真空管からトランジスタ，IC
火災，地震，台風，洪水	制度の変化 規制の緩和，撤廃
自動車事故	市場の変化 ライフスタイルの変化
訴訟，貸倒れ	社会の変化 高齢化社会
テロ，誘拐	景気変動 失業の増加

（出所）著者作成。

リスク情報

リスク情報とは、「事故、発生可能性、ハザードの結合、予想と結果の差異、不測事態、危機、危険状態、脅威などの危険がリスクに与える影響とこれらの不確実性、および投機的戦略的な不確実性に関して得られる様々な情報の総称」であると言える。リスク情報は意思決定の重要な情報リソースである以上、単に収集すればよいわけではない。リスク情報の質と量は最適な意思決定には必要不可欠であり、その収集、分析・評価のアプローチが重要となる。情報感性や情報感度という言葉が日常使われており、それらの有無が人材評価や人選などの指標とされている。リスクマネジメントにおけるリスク情報とは、企業の目的に沿って事業活動を営む上で、目的目標を効率的に達成していくことを実現するためのリスクマネジメントを機能させるものである。

将来の事業の機会と脅威の可能性について判断を行う意思決定の原資となるリスク情報の収集活動は決して軽んじてはならない行為である。従って、目的意識、言い換えれば企業のリスク意識に基づく不明情報への気づきが肝要となる。一般的に状況把握プロセスとは、（一）意思決定目的の確認、（二）必要情報の確認、（三）-①手元情報確認（過去に関するデータ）、-②不足情報収集（未来に関する情報）、（四）-①判明情報からの推論、-②不明情報からの推論、（五）-①状況把握サマリー（例：社会、市場、技術、顧客、社内、などの枠組みで整理）、-②変化予測シナリオ（推定確率を含む）[4]、である。まずは、目的意識に基づく不明リスク情報への気づきが重要である。

企業の目的、事業の目的、職場ポジションに与えられた目的からそれを達成するために、どのようなリスク情報を収集すべきかという視点で、常に目的周辺を慎重に観察することを怠ってはならない。目的が高くなれるにつれて、観察の目は外に向かわざるを得なくなり、必然的に手元情報が極めて少ないことに気づくことになる。そして、判明情報と不明情報から何が起きるか推論を展開し、さらに推論の実証に必要となる情報を収集するわけである。

一連のリスク情報の収集活動はリスク認識と言える。企業としてリスク認識を確実なものとするためには、（A）企業の主要なリスクを積極的に明らかにする、（B）自らに責任があるリスクの影響について真剣に考える、（C）他の人々が注目しているリスクを組織内のあらゆる部門と共有する、の三点が重要となる。組織内でリスク認識を高めるプロセスや取組みとして、①経営陣が方向付けを行う、②適切な質問をする、③リスク分類法を確立する、④教育・研修を行う、⑤報酬とリスクを結びつける[5]、などがある。

リスク情報をリスクマネジメントにおける活用の観点から分類する。リスク情報は二種類に区分できる。一つは、定点観測情報である。例えば年に一回もしくは二回程度取得するようなものであり、一般的に客観情報と言われる。それに対して、もう一つは暫時情報であり、人を介して適宜入手が可能で主観情報と言われる。定点観測情報としては、リスク評価や財務諸表から得られるものである。暫時情報としては、職制を通じた報告・連絡、内部通報からの情報などがある。リスク情報分類を表３－２に示す。

表３－２　リスク情報の分類

定点観測情報（客観情報）	年１回以上収集（定数定量化が可能）
	①リスク評価：組織内のすべてのリスクを分析，評価する リスクマップやチャンスマップを作成 ②財務諸表
暫時情報（主観情報）	適宜収集（定数定量化は困難，ただしデータ化より傾向分析可能）
	③職制を通じた連絡・報告 ④内部通報

（出所）著者作成。

リスク評価には、対象としてA：オペレーショナル・リスク／投機的リスク、B：戦略リスク、の二つがある。リスク対応策検討のツールとして、Aはリスクマップ（RM）、Bはチャンスマップ（CM）を作成する。全社リスクを把握することが目的であるRMの作成プロセスは、企業内のすべての部門において、それぞれ認知されたリスクごとにスコアー化、その結果を取り纏めX

軸に影響度（重大性や損害程度など）、Y軸に発生頻度としプロティングを行う（事例の中には、X軸に管理状況評価、Y軸に想定被害確率評価を採用するものもある）。新規事業や投資案件を対象としたCMの作成プロセスは、それぞれの事案ごとにスコアー化、RM同様にその結果を取り纏め、X軸を想定利益、Y軸を需要予測度合（投資金額ファクター含む）としプロティングを行う（一般的に需要予測値の根拠や維持費想定に関する情報は不足する）。RM、CM共にプロットされたリスクごとに対応策を検討することとなる。財務諸表は決算に伴い作成されるものである。

収集できるリスク情報としては、資産の部／流動資産からは金融リスク／為替リスク／取引先与信信用リスク、固定資産の有形固定資産からは火災・自然災害リスク／環境汚染責任リスク／機械故障リスク、無形固定資産からは知的財産侵害リスク、投資その他の資産からは金融市場リスク／価格変動リスク（金利・為替・株価・土地など）、負債の部／流動負債からは金利・為替リスク／税制変更リスク、固定負債からは金利変動リスク／格付下落リスク／年金制度変動リスク、純資産の部からは自社株下落リスクなど、である。また、リスク評価と財務諸表のリスク情報より、手配中の保険やリスクファイナンス（リスク移転としての対策）の最適性の診断と、必要に応じて最適化を図るアプローチがある。現在では対象となるリスクは限定されている（火災・爆発・地震・台風・PL（製造者責任）・リコール）が、財務影響度分析がそれに当たる。図3-1に概要を示す。

暫時情報である職制を通じた報告・連絡、内部通報から収集するリスク情報は、主観情報であるため、以下のような課題がある。

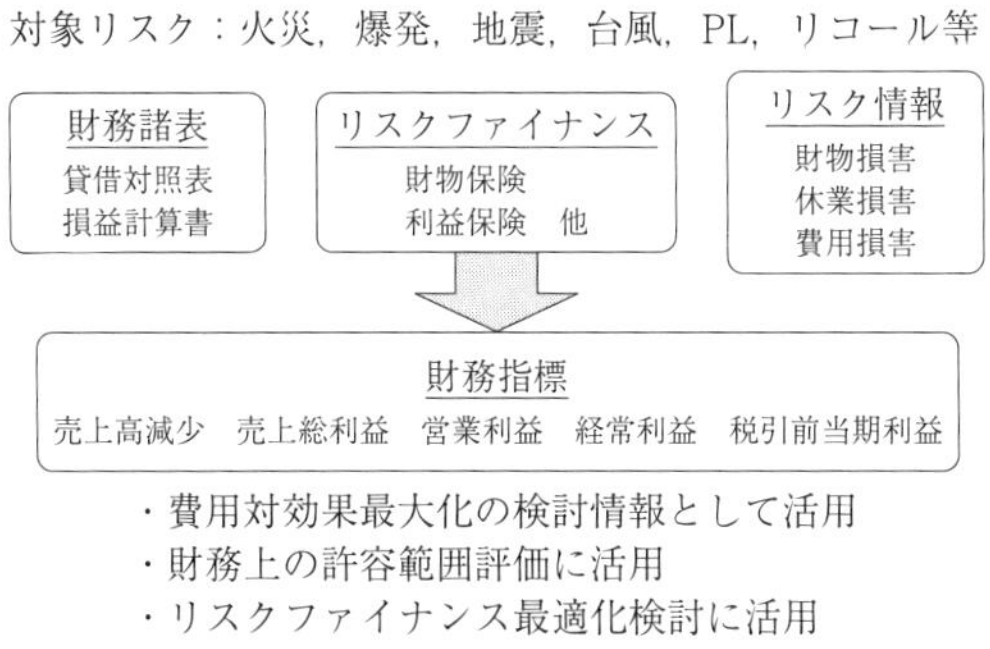

図３‑１　財務影響分析評価と特徴

（出所）著者作成。

- 組織内の悪い情報をいかに収集するか（情報が上がる仕組みが必要）。
- 低い内部通報利用率とそれを改善する有効な対策の検討。
- リスク感性の醸成を目的とした人材育成。

いずれも容易ならざる取組みであり、なおかつ継続的に施策を講じる必要がある。

本来、リスク情報は人によりもたらされる。企業の目的意識にかなったリスク情報を収集するために必要不可欠なリスク感性は、企業のビジョン、コンプライアンスなど、企業文化や組織風土との関連性が高い。常にこれらを意識し、リマインドすることで一人ひとりのリスク感性が育まれ、同時にリスクに関する企業文化や組織風土も醸成されることとなる。

リスクを決定する五つの要因

リスクの源泉は、「自然や環境の変化と人間のかかわり」

にあり、「意思決定の拙劣や決断の失敗」にあると考えられる。また、それはなんらかの決定要因（Determinant）の欠如とも言い換えることができる。その決定要因は、①管理の欠如（Lack of control）、②情報の欠如（Lack of information）、③時間の欠如（Lack of time）、④感性の欠如（Lack of sensibility）、および、⑤人格の欠如（Lack of character）である。

戦略リスクを考察するに当たり、企業における重要な意思決定は経営者が行うことより、一人の人間として免れえない欠如要件を検討しておくべきである。

①管理の欠如

仮に、人間がある状況や環境変化を完全に管理できるならば、そこにはリスクは存在しないと考えることができる。リスクは計画力、組織力、指導力、統制力といった管理の不足やその不足から生じる。

②情報の欠如

私たちが状況や環境変化に関する完全な情報をもつようになれば、ベストの選択や対策が可能となり、そこにはリスクが存在しないか、リスクは激減することになる。リスクは情報網、情報の収集、伝達、分析の不足、拙劣から生じる。

③時間の欠如

私たちは選択のための意思決定や決断に十分な時間が与えられるならば、選択の意思決定ができると共に、検討の時間が与えられ、ベストの選択ができ、リスクは激減する。これは意思決定者の業務多忙、接遇過多、時間管理の問題に起因する。

④感性の欠如

感性の欠如は、感受性、才覚、直感、決断、瞬間的意思決定力の不足を意味し、その大部分は人間の天性に基づくものである。この要因は、人間の行動や企業の活動が常にリスクに直面している、またはリスクを生み続けている事実に留意し、理性抜きでリスクを感じ取る能力である。従って、それらが不足していたり、欠如しているという事実は明らかにリスクの源泉である。次に「感性の欠如ないし不足」は「リスク感性」の問題として検討すべき重要な点である。リスク感性、はリスクに対する刺激や反応であり、リスクや危機をその前兆の段階で把握し、その対応策を講じうる能力である。また、リスク感性、はリスクを理性で把握するのではなく、直感や経験に基づく勘によって把握する能力とも言える。人間は感性（パトス）と理性（ロゴス）で物事を判断し、冷静な意思決定や決断を下すが、リスクへの対応やその処理に関しては、理性や理論だけでなく感性や直感が大きな意味をもつことがある。決断は既成の概念や秩序を飛び越えて行われる意思決定で、行動や事業に対する革新および挑戦である。従って、決断それ自体が新たなリスクであり、仮にそれがリスクを処理するためのものであっても、それがまた新たなリスクを創造することとなる。そのような観点から決断はチャンスかピンチかを峻別し、チャンスに焦点を当て取捨選択し、何かを伸ばすこととなり、結果として、決断は現状維持、新天地開拓、撤退への選択的意思決定のいずれかとなる。

⑤人格の欠如

人格の欠如は、人間の知性、教養、理性などの欠如で、人間性に問題があることである。経営者や管理者に往々に見られる無教養、無定見、無節操、品性下劣、思い上がり、態度尊大、他人の人格無視などであり、性格リスクの根源を意味する。人格の欠如は、一般的に中小企業の経営者に見られることがある。

戦略リスクの定義

戦略リスクは、企業の戦略の質を表すものである。企業の成長の源泉にもなり得ると共に、企業を倒産に至らしめることもある。バンクス(6)は、「事業価値を損なう要因の九〇％は戦略面での失敗であり、コントロール・システムの問題ではない。コントロール・システムの脆弱性が実質的に金銭面の失敗に結びつくとしたら、それは驚愕に値する。一方で、戦略面の大失敗は、何千万ドルという損害を会社や株主に与えかねない。」と論じている。戦略リスクとは一体何であるのか。この点を戦略経営論と戦略経営論に密接に関連する領域における戦略リスクの定義を比較検討し、事業環境の変動性がもたらす、企業の業績への影響度合いを基本的な考えとして整理してみたい。

①経営戦略論における戦略リスク

経営戦略研究において、リスクが注目され始めたのは一九八〇年代以降である。先駆けとなったのは、ボーマン(7)であった。その研究の中で、五年間のＲＯＥ平均をリターンとして、ＲＯＥの分散をトータルリスクとして尺度化し、調査対象としたほとんどの産業においてリスクとリターンの間に負の関係、すなわち「ローリスク・ハイリターン」あるいは「ハイリスク・ローリターン」が成立していることを示している。ファイナンス論や一般的な知見として受け入れられてきた、リスク・リターンの正の関係を覆すものであり、「リスク・リターンのパラドックス」と称している。また、コリンズとルフィーら(8)は、戦略経営論における膨大なリスク概念をレビューした上で、リスクを戦略経営論で用いることの欠陥を指摘した。そこで順位アプローチに基づき、同業他社との競争ポジションの相対的優劣から戦略リスクを見る state-defined perspective という、独自の解釈で戦略リスクを定義し、戦略リスクを同業他社あるいは業界内部でのポジションを失う可能性とした。パラドックス研究とそこから派生したリスク尺度の方法論の研究は、リスクとリターンのマクロ的な関係、さらには戦略におけるリスクの尺度そのものを明確化したものである。しかし、個別企業のリスクの認識、特定、測定方法、統制方法の枠組み形成を目的としていない。

バードとトーマスら(9)は、個別企業における戦略リスクに注目した研究を展開している。経営戦略論では最も早く「戦略リスク」という言葉を明示し、個別企業における戦略リスクを取り扱っており、不確実性下における、マネジャーのリスクへの取組み姿勢の違いをテーマとして、戦略経営論におけるリスクの特徴を整理している。戦略リスクは、「戦略そのものの動向である」とし、それは①企業のリターンを様々に変化させるものである、②新規分野への参入である、③結果として企業倒産を引き起こす可能性である、としている。これらの特徴は、戦略リスクとは、マネジャーのリスクテイキングを問題とし、戦略の着手段階、例えばファイナンス論で言うところの投資意思決定の段階で認識するべきである企業特性と業界特性からなる戦略固有のリターンの変動要因である。

②戦略マネジメントシステムにおける戦略リスク

経営戦略論の周辺分野である、戦略マネジメントシステムの分野においては、戦略が成功裡に遂行されることを目的として業務遂行の方法が論じられてきた。シモンズ[10]による統制レバーや業績評価システムの研究が代表的である。業務執行の体系に関しては、戦略に伴うリスクが大きな問題となる。そこで戦略リスクを「意図した事業戦略を遂行する経営者の能力を大きく低減させてしまうような、予期せぬ事象あるいは一連の状況である」と定義している。つまり、意図した事業戦略を前提として、その遂行を妨げる要因を戦略リスクとしている。戦略リスクの源泉は、①業務リスク（Operations Risk）、②資産減損リスク（Asset Impairment Risk）、③競争リスク（Competitive Risk）の三つと示している。業務リスクは業務遂行に関わるリスクである。これは成功裡に戦略が遂行できるかどうかといった経営機能を問題としている。資産減損リスクは、金利変動による債権の減損や為替変動による将来利益の変動といった市場リスクに留まらず、経営戦略の遂行に不可欠な商品などの資産の財務的価値の減損や知的財産権の毀損、設備資産などの物理的損害もその対象としている。そして競争リスクは、戦略に内在する最も根元的な企業価値創造能力や製品・サービスの差別化能力を損ねるような競争環境の変化に起因するリスクとしている。

③コンペティティブ・インテリジェンス（CI）における戦略リスク

競争戦略を分析することを目的としてコンペティティブ・インテリジェンス（CI: Competitive Intelligence）研究が行われている。ギラード[11]による競争環境の変化の早期発見と警戒（Early Warning）の研究は、戦略リスクを強く意識している。戦略に伴うリスクの中において、競争環境から派生する戦略リスクである「企業と業界構造との不一致」は、最も重視すべきリスクであり、いかに早期発見して、統制するかが企業の最重要課題であるとしている。アップサイド・リスク（利益が発生する可能性）は対象から外し、あくまでも業界構造との不一致がもたらす損失の可能性をリスクとしている。

事業部門のマネジャーが、戦略リスクの統制責任をもっているものの、彼らは常時、目の前の現業に注意を払っているため、明確に認識することができず、漠然としている戦略リスクに十分な関心が向いていない。つまり、戦略の策定と遂行が明確に責任分担されている状況において、戦略が策定され、一度その実施計画が組織内で下されるとそれ以降は計画遂行が問題となり、戦略それ自体は盲信されるか、気が払われなくなる。結果、競争要因や業界構造や企業の戦略との不一致が、戦略の実施計画の障害となり得ないので、大きなリスクとして部門のマネジャーに認識される可能性が低くなる。戦略そのものが有するリスクを対象とすることにより、焦点となるのは「業界構造との不一致」であり、企業と市場との不適合となる。これは部門のマネジャーが疑念の余地をもたないことよって組織内の誰にも認識されることなく、最終的に企業の価値を毀損して行く最も恐ろしいリスクであると位置づけている。

④ビジネスモデルにおける戦略リスク

利益モデルの研究者であるスライウォツキー（Slywotzky）は、ビジネスモデルの阻害要因として戦略リスクの重要性を論じ、体系的に整理している。スライウォツキーとデジック[12]およびスライウォツキーとウェーバー[13]は、戦略リスクを「企業の成長を阻害し、株主価値を破壊しかねない社外の様々な事象やトレンド」と定義しており、ＥＲＭで包括的に取り扱われる災害リスクやオペレーショナル・リスク、市場リスクなどのリスクよりも、企業経営上最も影響力のあるリスクと位置づけている。しかもこのリスクはいずれの企業も平等に被るものなので、このリスクを適切に取り扱うことのできるビジネスモデルをもつ企業が、将来の競争に勝利することができると論じている。

また、戦略リスクを統制する方法に関しても体系的に論じている。企業はリスクのうまいさばき手になれば、最終的にリスク耐性の高い企業体質を作り出すことができ、利益の裏づけとなるとしている。従って、戦略リスクを企業と事業環境との不適合がもたらす経営上の危機ととらえる一方、事象そのものもリスクととらえており、直面して初めて対策を講じる対象としている。

このような点から、一般的なリスクの定義にあるような将来の事象の発生可能性といったものとは性質が異なるものとして、事業上の危機を逆手に取ったビジネスモデルの構築方法に戦略リスクとして重きを置いている。

戦略リスクは多様性を有しており、それぞれの先行研究の背景にある前提、また戦略のどの段階で戦略リスクとして認識しているのか、といった点から定義の根拠が異なっている。経営戦略論においては戦略的意思決定にフォーカスし、戦略立案と意思決定時における広範囲にわたるリスクを対象とし、戦略マネジメントシステムでは、戦略遂行時の障害を問題視しており、遂行の障害であるハザードを対象としている。コンペティティブ・インテリジェンスでは、すでに採用した戦略の不一致を問題としているので、環境変動による企業への損失発生が対象となる。また、ビジネスモデルでは、将来とるべき戦略のあり方を対象としているので、成長阻害要因となる社外の事象を戦略リスクとしている。これらの戦略概念を取り纏めると表３‐３の通りとなる。

これらは経営戦略自体が有する多面的な特徴を表しており、経営戦略策定とその遂行といった経営戦略のステージの違いによって観点が異なっている。

戦略リスクとリスクマネジメントにおけるリスク分類

「戦略」を企業による環境への適応プロセスと考えるならば、競争環境、業界構造の変動性を戦略

表3-3　戦略リスクに関する先行研究

論　点	戦略経営論	戦略マネジメントシステム	コンペティティブインテリジェンス	ビジネスモデル
研究者	Baird & Thomas (1985 : 1990)	Simons (1999)	Gilad (2004)	Slywotzky & Drzik (2005) Slywotzky & Weber (2007)
目　的	市場環境に適合する戦略形成プロセスの構築	戦略を成功裡に実行するシステムの構築	戦略と環境の不一致状態をいち早く察知するシステムの構築	儲けの源泉を把握しその仕組みを構築
分析の焦点	戦略的意思決定	戦略遂行	現在の戦略の質	将来の戦略の方向性
タイミング	戦略の着手時	戦略策定及び実行段階	戦略の見直し	戦略の見直し
定　義	リターンの変動制 未知の領域への取組み 企業倒産	意図した事業戦略を遂行する経営者の能力を大きく低減させてしまうような予期せぬ事象あるいは一連の状況	企業と業界構造との不一致がもたらす潜在的損失	企業成長を阻害し株主価値を破壊しかねない社外の様々な事象やトラブル
視　点	外　部	内　部	外　部	外　部
リスクの特定化	エクスポージャーの変動 結果が管理可能か 時間の斟酌 場の斟酌 リスキーな状況の知識 影響度合い 組織の規範	オペレーショナル・リスク（業務遂行） 資産現在リスク（戦略遂行に必要な資産現存リスク） 競争リスク（業界構造の変動）	Porterの5要因モデルによるシナリオプランニング（業界構造の変動性）	プロジェクトの失敗確率 顧客の離反 技術の変化 屈強な競合他社 ブランドの弱体化 業界構造の変化 成熟市場

（出所）著者作成。

図3-2　リスク分類

（出所）著者作成。

リスクの一つとして想定することができる。また、企業と環境との間の不一致や摩擦と、その結果がもたらす企業への影響を戦略リスクと考えることも可能である。これらのことより、戦略リスクを「企業とステークホルダーとの関係の変化がもたらす企業業績への影響」と定義することが可能である。そして、戦略リスクの対象の範囲に関しては、戦略がそれぞれ個別に有している性質を問題にすることより、経営戦略の策定段階における戦略そのものの質、および経営戦略の実行計画、実施段階までとするべきであると考える。

従って、これまで一般的に示されてきたリスクトリートメント[14]に、戦略リスクを追記したリスク分類が図3-2である。経営戦略の策定段階を「経営戦略リスク」、実行計画および実施段階を「ローンチリスク」、「下振れリスク」、「上振れリスク」として表すことで、戦略リスクをリスクマネジメントの対象として認識することが可能となる。

戦略リスクの影響を最小限に抑えるためには、そのリスクを評価することが必要となる。戦略リスクは企業の存亡を左右しかねない力を秘めており、その影響を緩和するためには、規律と体系を整えたアプローチを用いることが重要である。そのことにより、大きな企業価値向上を実現することも可能となる。様々な戦略リスクは企業の成長機会を覆い隠しており、戦略リスクをマネジメントすることで、新たな成長に向けて、より積極的に事業展開できるだけでなく、企業はより慎重なリスク・シェイパー（リスクの手さばきがうまい企業）へと変わることができる。

戦略リスクを評価する指標として、スライウォツキーとデジック[15]は戦略リスクを「業界」、「技術」、「ブランド」、「競合他社」、「顧客」、「プロジェクト」、「停滞」の七つの側面に分け、それぞれの防止策を示している。それぞれのリスクごとに、「深刻さ（逸失利益の割合）」、「確率」、「何年後に予想されるか」、「時間の経過に伴う確率の変化」に関して評価を実施する。戦略リスクのマネジメントによって、リスクのディメリット部分が抑制されるだけでなく、将来について体系的に経営戦略を練り上げることができる。また、リスクとリターンの関係について、新たな視点が浮かび上がる。その関係とはトレード・オフと見なされることが多いが、創造性の高いリスクマネジメントと優秀なビジネスモデルを組み合わせれば、両方を改善することもできる。

①「業界の構造変化」

業界の発展に伴い変化が次々に起こり、業界内のすべての企業を脅かす。結果、R&Dが非常にコスト高となる。設備投資がコスト高となる。最大のリスクは設備過剰や製品のコモディティ化が復合化すること。

【防止策：業界の利益率の悪化】「競争」対「協力」の割合を変更する。

②「技術の変化」

技術にまつわるリスクの発現により、結果として特許による保護を失う可能性・製造プロセスが時代遅れとなる可能性・新技術が突如市場を席巻し、一部の製品やサービスがあっという間に陳腐化してしまう可能性が高まる。

【防止策】「二重の賭け」を選択する。

③「ブランドの弱体化」

ブランドは複数のリスクに晒されており、それらはブランド価値を一気に崩壊させかねない。結果として予測可能なものもあるが、予測不可能なものもある。しかしながらリスクが一夜にして出現し、ブランドを粉々に破壊してしまうことは十分起こり得る。

【防止策】ブランド投資の範囲を再検討、ブランド投資の再配分。

④「唯一無比の競合他社」

既存のライバルや潜在的なライバルの存在。その結果としてライバルの新製品に脅かされる。コストが非常に低い第三世界のライバルが脅威となって現れる。最も深刻なリスクは圧倒的な独自性を誇る企業が登場し、市場シェアの大半を奪うことである。

【防止策：独自性の高い競業他社】既存事業の重複回避、新規事業の企画

⑤「顧客の嗜好変化」
　顧客への高い依存度。その結果として企業から顧客へのパワーシフト。少数の顧客への過剰な依存。最大のリスクは突発的かつ大幅なものにせよ、ほとんど気づかれない緩慢なものにせよ、顧客の嗜好が変化。このリスクの大小はそのスピードと範囲、深刻度によって決まる。

【防止策】ユニークな独自情報を絶えず収集・分析する、顧客セグメントの細分化、簡単かつ低コストの市場テストを実施する。
⑥「プロジェクトの失敗確率」
　不算出のリスクが付きまとう。その結果、新製品が技術的に機能しないリスク、収益性の高い顧客獲得に失敗する可能性、ライバルにあっさりと真似されて市場シェアを奪われる可能性、コスト過多となる可能性が顕在化する。

【防止策】各プロジェクトの優先順位を決める、選択肢を広げる。
⑦「成熟市場の停滞」
　新しい成長の源泉が見つからないことによる株価の横ばいや低迷。

【防止策】需要のイノベーションに取り組む。

註

(1) ウルリッヒ・ベック（Ulrich Beck）ドイツの社会学者、一九八六年『危険社会』を出版し、近代産業社会が、様々なリスクを生み出し、私たちの生命と社会関係をむしばむ時代を迎えるようになったと主張した。

(2) 日本リスク研究学会『増補改訂版　リスク学事典』阪急コミュニケーションズ、二〇〇六年。

(3) 上山道生『リスク・マネジメントのしくみ』中央経済社、二〇〇二年。

(4) Lam, James, (2014) *Enterprise Risk Management: From Incentives to Controls, 2nd Edition*, John Wilkey & Sons, Inc., 44-47.

(5) 日本リスクマネジメント学会ホームページ『リスクマネジメントの理論体系』(https://jarms.jp/theory/) 二〇一九年六月一五日確認。

(6) Banks, Erik, (2004) *Alternative risk transfer*, John Wiley & Sons, Ltd., 3.

(7) Bowman, E. H., (1980) "A Risk/Return Paradox for Strategic Management", *Sloan management Review*. 21(3), 27-31.

(8) Collins, J.M. and Ruefli, T. W., (1992) "Strategic Risk: an Ordinal Approach", *Management Science*. 38, 1707-1731.

(9) Baird, I.S. and Thomas, H., (1985) "Toward a Contingency Model of Strategic Risk Taking", *Academy of Management Review*. 10(1), 230-243.

(10) Simons, R., (1999) "A Note on Identifying Strategic Risk," *Harvard Business School Note*, 199-031, 1-17.

(11) Gilad, B., (2004) "Early Warning: Using Competitive Intelligence to Anticipate Market Shift, Control Risk, and Create Powerful Strategies", *AMACOM*, 5-8.

(12) Slywotzky, A.J. and Drzik, J., (2005) "Countering the Biggest Risk of All", *Harvard Business Review*. April, 1-12.

(13) Slywotzky, A.J. and Weber, K., (2007) "*The Upside : The 7 Strategies for Turning Big Threats into Growth Breakthroughs*", Crown Business, 7-11.

(14) 亀井利明・亀井克之『リスクマネジメント総論』同文舘出版、二〇〇四年。

(15) 前掲 Slywotzky, A.J. and Drzik, J., *op. cit.*, 1-12.

第4章　経営戦略とは何か

経営戦略の起原を、その言語より紐解くとそれは紀元前五〇一年のギリシャまでさかのぼる。戦略は英語で「Strategy」である。直接の語源はラテン語の「Strategos」であり、この言葉は古代ギリシャで生まれた。

しかし、当時「Strategos」は軍事的指導者という役職を意味し、現代的な意味での「Strategy」とは異なる。現代的な意味での戦略である「Strategy」により近い表記のラテン語は、ローマの歴史家が生み出した「Strategia」という言葉である。さらに現代の「Strategy」に最も近い意味をもつ言葉は、ローマ帝国のセクストゥス・ユリウス・フロンティヌスが紀元前一世紀の終わり頃に著した書籍の表記「Strategematon」(1)として採用されている。これは、軍隊の指揮法や戦術を表す名詞として用いられた。また、経営戦略という言葉は、一九六〇年代半ばに米国で使われ始め、次第に世界へと波及し、現在では一般的な言葉として使用されている。経営戦略は、企業の使命である「経営を継続し続けること」を可能とするためにある。企業が、将来にわたり事業を続けることで社会的使命や責任を全うする上で、経営戦略は厳しい経営環境の変化の中を生き延び、成長し続けるための海図である。そして、将来に対して何も対策を打たない場合に想定される姿と、企業が目指す姿とのギャップもまた、経営戦略と言える。

経営戦略の定義

経営戦略という言葉の定義は、明確に定まっていない。そのため、経営戦略という言葉は、同床異夢の巣窟である。実際に経営戦略について議論をしていても、相互の前提が異なることが多くある。経営戦略は極めて広範囲な学術分野であり、経営に携わるすべての人間が、何らかの関わりをもつ概念である。そのため経営戦略は何かを一言で表そうとすると、人それぞれの多様な表現が生み出される。

戦略論の大家である、ユタ大学のバーニー(2)は、「戦略について書かれた本の数だけ戦略の定義は存在するといっても過言ではない」と言及している。

例えば、経営戦略の定義を以下にいくつか引用してみた。

「いかに競争に成功するか、ということに関して企業がもつ理論」

「長期的視野に立って目的と目標を決定すること、およびその目標を達成するために必要な行動オプションの採択と資源配分」

ドラッカー(3)

「①組織の基本的ミッション、目的、目標、②それらを達成するための政策と行動計画、③それらが実行されることを担保する方法論」

チャンドラー(4)

「組織の意図された目的を満たすために策定された行動と取られた行動」

シュタイナーとマイナー(5)

「コアコンピタンスを活用し、競争優位を獲得するために設計された、統合かつ調整された複数のコミットメントと活動」

デスとミラー(6)

「企業が実現したいと考える目標と、それを実現させるための道筋を、外部環境と内部資源とを関連付けて描いた、将来にわたる見取図」

ヒットら(7)

「環境適応のパターンを将来志向的に示す構想であり、企業内の人々の意思決定の指針となるもの」

網倉久永・新宅純二郎(8)

石井淳蔵(9)

「価値創造を志向した、将来の構想とそれに基づく企業と環境の相互作用の基本的なパターンであり、企業内の人々の意思決定の指針となるもの」
大滝精一(10)

「企業を取り巻く環境とのかかわりについて、企業を成功に導くために何をどのように行うかを示したもので、企業に関与する人たちの指針となりうるもの」
淺羽茂(11)

経営戦略を理解するためには、その定義が乱立していることを理解する必要がある。そこで、相違がない骨格部分と、それぞれの創造性である周辺部分に区分けして考えることが望ましい。つまり、誰もが同意できる経営戦略の基本的な定義と、異論も存在する新領域・先端領域に関する定義に切り分け、複層的に経営戦略の意味をとらえるということである。

経営戦略の骨格とは何であろうか。経営戦略の骨格が、「特定の組織が何らかの目的を達成するための筋道」であることは誰もが同意できることであると考える。主語に「組織」があり、到達すべき「目標」があり、それを達成するに至る「道筋」がその骨格となる。「組織戦略」は、伝統的な定義では、全社戦略、事業戦略、機能戦略の三つの階層で構成されている。一つひとつの「機能」が横串で存在し、「事業」が機能の縦串となり、その集合体として「全社」がある。

到達すべき「目標」は、主語を具体的に何にするかで左右される。例えば、主語が営利企業の場合は、目標には売上や利益の絶対額、成長率や顧客数、リピート率や課金率などの先行指標が含まれることになる。また、組織のビジョンや行動規範も目標の一つとなる。組織があり、目標があり、その上で目標を達成するための「道筋」がある。「道筋」は、狭義では指針、方法、計画、設計図、見取り図等と表現できる事前に決定される集団の行動指針である。この「道筋」を検討するに当たっては、組織が活動を行う場所において「どのような行動を取るべきか」を定めることが古くからの議論の中心であった。これらのことより「組織」、「目標」、「道筋」の三要素を骨格として、経営戦略は「特定の組織が何らかの目的を達成するための道筋」と定義することができる。しかしながら、その「組織」・「目標」・「道筋」の中身にどのような要素を入れ込むのかに関しては様々な見解があり、その道筋がどのように「How」作られるのかまでを含めて定義とする主張もある。例えば、先に挙げた経営戦略の定義として、「企業が実現したいと考える目標と、それを実現させるための道筋を、外部環境と内部資源とを関連づけて描いた、将来にわたる見取図」がある。「外部環境と内部資源とを関連づけて」という要素と「将来にわたる」という要素が付加されており、多様に存在する経営戦略の定義の共通項であるとの考えもある。外部環境とは、組織の境界の外側に存在し、組織の行動に影響を与え得る要因すべてを対象としている。最も広く知られる考え方は、ポーターの「ファイブ・フォース」である[12]。この考えでは、まず、外部環境の状況を理解し、その上で自己の最適な立ち位置（ポジショニング）を考えるなど、その外部環境に適応する最適な戦略を検討することが、外部環境からの「How」の典型的な導き方となる。内部資源とは、組織の境界の内側に存在し、組織の行動に影響を与え得るすべての要因を対象としている。代表的な考え方はバーニーによって取りまとめられた資源ベース理論（RBV：Resource Based View）である。これは自社のもつ経営資源とその組み合わせによってもたらされる競争力、さらにその経営資源の組み合わせを刷新していく能力の特性に基づいて戦略を立案する考えである。外部環境の分析と内部資源の分析の二つを主軸として戦略の「How」を検討することは、非常にシンプルであり解釈が容易となる。従って、経営戦略を策定する「How」として、外部環境と内部資源の二軸から検討することは、共通の理解となっており、経営戦略を「特定の組織が、何らかの目的を達成するために、外部環境分析と内部環境分析から作り出す道筋」と定義することが可能であると考える。まさに戦略リスクをマネジメントすることは、将来の企業の姿、進むべき方向性、創造すべきポートフォリオを外部環境の変化によりイメージし、現在の姿とのギャップを克服することであり、内部資源の活用による組織や業務の仕組みの再編、目標の設定と修正、そしてその遂行とフィードバックとの融合であり、経営戦略そのものであると言える。

経営戦略とリスクマネジメント

全社戦略におけるリスクマネジメントとの関連を考える前に、全社戦略の要素について検討してみる。ゲマワット[13]は図4-1のように示している。

第一に、全社戦略の骨格となるのは「①組織ドメインの定義・周知・更新」である。組織ドメイン

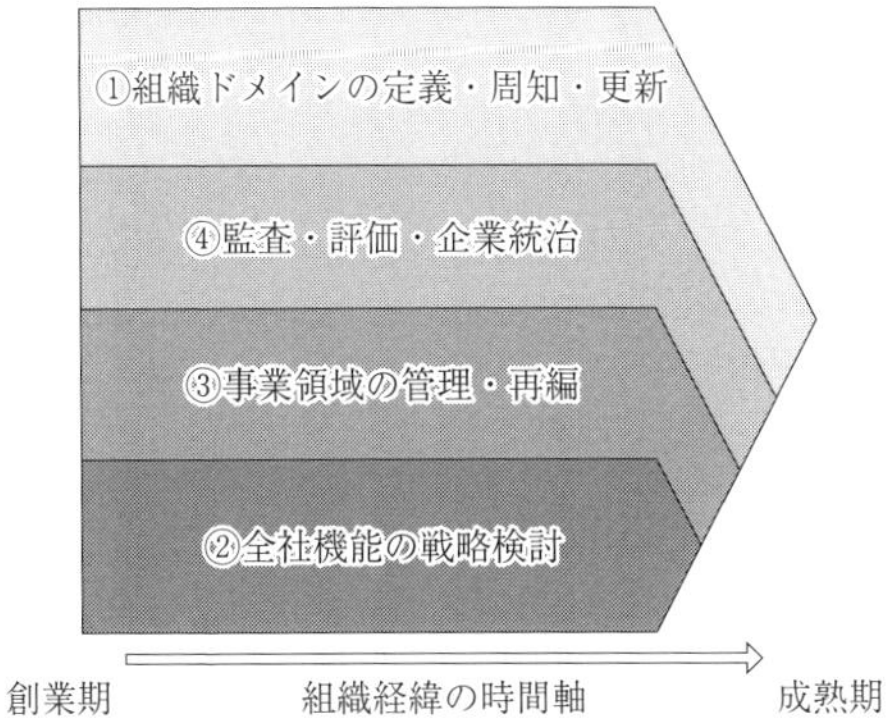

図4-1　全社戦略として検討すべき4つの要素

（出所）著者作成。

とは、組織の生存領域、生存目的であり、ビジョン・ミッション・バリューとも言われる。これを定義することと共に組織内に周知し、適宜それを環境の変化に応じて更新し続けることが重要となる。新たな戦略リスクをテイクするため、およびテイクし続けるためには、リスクマインドを更新し続けて組織内に浸透し続けることが肝要となる。次に「②全社機能の戦略検討」である。全社の方向性を反映して、それぞれの事業の基盤となり得るインフラを構築することは、各事業を推進展開する基礎体力を作り上げる重要な取組みであり、日常業務であるが手を抜くことができない。さらに、次の段階として、多角化や水平・垂直統合の議論検討は、「③事業領域の管理・再編」で行われることになる。第一に、自社の事業拡大の方法を、産業・市場における拡大、価値連鎖における領域拡大、地理的な領域拡大の三つの観点から検討することが重要となる。事業領域が多彩に広がった後は、その無数の事業領域の管理が必要となり、継続的な選択と集中、再編が求められることとなる。

　全社機能の戦略検討では、リスクマネジメントとの関連が重要なテーマとなる。個々の事業支援を行う各種事業機能の方向性を検討することを機能戦略と呼ぶ。この機能戦略は、戦略の階層構造で各レイヤーごとに、①全社戦略は経営会議、②事業戦略は各事業部、③機能戦略は各業務レベル、として位置づけられている。事業機能のそれぞれが、組織の競争力に直結するような重要性をもっており、例えば「戦略的マーケティング」、「戦略的人事」、あるいは「戦略的法務」などのように、各機能の名称に戦略や戦略的と行った修飾語を冠し、個々の事業に従属した機能の一部としてでなく、全社の競争優位に資する独立した経営機能として活用する動きが顕著である。同様に、リスクマネジメントを戦略的リスクマネジメントと称することで、その機能を経営機能として活用することとなるが、実際には戦略リスクを、これまでのリスクマネジメントに包含して取組むことが合理的である。全社員が影響を受け、その優劣が如実に企業の足腰に影響をもたらす全社機能には、当然不祥事や自然災害等に関する危機管理も含まれることとなる。つまり、経営に大きく影響を与えかねない事象に対して、どれだけ迅速に行動できるかは、事業戦略の領域ではなく全社戦略として取り扱うことが適切である。

これまで機能戦略は事業戦略に従属するか、あるいは独立した戦略として取り扱われて来た。しかし、全社の方向性に直結し、かつ全社の競争優位に影響を与え得る「戦略的意思決定」の要素を多分に含んでいることから、機能戦略を全社戦略の重要な要素として取り扱うことは、ひるがえって事業の足腰を確実に鍛え上げることになると考える。企業が有するリスクへの対応も同様と言える。そのような観点からも戦略リスクとパフォーマンスリスクを統合し、リスクマネジメントを運用していくことは、経営戦略上の大きなタスクとなる。

註

(1)『ストラテーゲーマトーン』は、一部にローマ時代の他の書物との類似性が指摘されているものの、ギリシャ時代の戦略を具体的な事例から端的にまとめている。

(2) Barney, Jay B.,(2001) *Gaining and Sustaining Competetive Advantage, 2nd ed.*, Pearson Education.（岡田正大訳『企業戦略論――競争優位の構築と持続』上・基礎編／中・事業戦略編／下・全社戦略編 ダイヤモンド社、二〇〇三年、上、二八頁）。

(3) Drucker, Peter F.,(1994) "The Theory of the Business." *Harvard Business Review*, 72(5): 95-104.（田代正美訳「企業永続の理論」『DIAMONDハーバード・ビジネス』ダイヤモンド社、二〇〇二年九／一〇月号、四～一二頁）。

(4) Chandler, Alfred D., Jr.,(1962) *Strategy and Structure: Chapters in the History of the American Industrial Enterprise*, The MIT Press.（有賀裕子訳『組織は戦略に従う』ダイヤモンド社、二〇〇四年）。

(5) Steiner, George A. and John B. Miner,(1977) *Management Policy and Strategy: Text, Readings, and Case*, Macmillan, 7.

(6) Dess, Gregory G. and Alex Miller,(1993) *Strategic Management*, McGraw-Hill, 5-6.

(7) Hitt, A. Michael, R. Duane Ireland, and Robert E. Hoskisson,(1977) *Strategic Management: Competitiveness and Globalization 11th ed.*, South-Western, 115.（久原正治・横山寛美訳『改訂新版　戦略経営論――競争力とグローバリゼーション』センゲージ、二〇〇四年）。

(8) 網倉久永・新宅純二郎『経営戦略入門』日本経済新聞社、二〇一一年、三頁。

(9) 石井淳蔵・奥村昭博・加護野忠男・野中郁次郎、『経営戦略論』（新版）、有斐閣、一九九六年、七頁。

(10) 大滝精一・金井一頼・山田英夫・岩田智『経営戦略――理論性・創造性・社会性の追求』（新版）、有斐閣、二〇〇六年、一四頁。

(11) 淺羽茂「経営戦略」岡本康雄編著『現代経営学への招待――二一世紀への展望』（第二版）、中央経済社、二〇〇〇年、七頁。

(12) ファイブ・フォースでは、外部環境を主に産業構造を特徴づける五つの要因の分析から理解する。五つの要因とは、競争業者、新規参入業者、代替品、供給業者、買手である。

(13) Ghemawat, Pankaj, (2001) "Distance Still Matters: The Hard Reality of Global Expansion", *Harvard Business Review*, 79(8), 137-147（スコフィールド素子訳「海外市場のポートフォリオ分析」『ＤＩＡＭＯＮＤハーバード・ビジネス・レビュー』二〇〇二年一月号、一四三～一五四頁）。

第5章　意思決定とは何か

経営は、「物事を成し遂げること」の技法として、人々の集団から一致した行為を確保するための諸原則を活用している。その一つとして、すべての行為に先立つ選択、つまり現に行われることよりも、何がなされるべきかを決定することが最も重要となる。それは行為に導く選択である。あらゆる活動において、「決定すること」と「行為すること」の両方が含まれており、経営の理論は、行為の過程と同じ程度に決定の過程に関わるべきことを認識する必要がある。決定過程を認識するためには、意思決定は組織全体の方針の形成に限られるわけではないとの見識をもつことが求められる。決定の過程は、組織の一般目的が決められた時に終了に至るものではない。「決定する」という作業は、「行為する」という作業と等価であり、経営組織全体のどこにでもあるもの、つまり二つは完全に結びついている。この点から、正しい意思決定を保証する組織の原則は、経営が求める諸原則の中でもとりわけ重要な位置を占めている。

意思決定と決定事項の執行といった観点では、組織の目的を遂行する実際の業務は、管理階層の最下層によって担われている。組織の経営者および管理監督者は、現作業員の決定に影響を与える形で、その組織全体の業務に影響を与えることができる。能率的な経営組織の構築は、現作業員を選定し、行動が調整された有効なパターンを繰り返すように、現作業員グループに影響を与えることができる管理監督者層を彼らの上位に適切に配置することである。従って、最適な意思決定――意思決定の過程、意思決定プロセス――を構築することは、経営の目的を継続的に達成するために、最適な組織を組成し続けることであり、経営環境への適応能力を有した組織の状態を維持し続けることである。さらに、組織内におけるすべての管理監督者および現作業員に、経営者による経営理念、ミッション、ビジョン等が常に浸透し、その認知度が一定程度維持されている状態を確保することも必要である。特に経営戦略を成功裏に進め続けるためには、戦略リスクマインド、つまりリスクテイクマインド（これはチャレンジング・スピリッツとは異なる要素を備えている）を組織内に徹頭徹尾浸透させ、それを具現する果断な行動を促進し、自発的な意思決定を実現することが欠かせないが、この経営における永遠の課題を直接的に解決に導く研究の領域は、未知の海域として航海の旗手を阻んでいる。

経営過程における意思決定

サイモン(1)はその著書『経営行動』において、「経営活動は集団活動であり、経営過程は決定の過程である。これらの過程は、組織のメンバーの決定における一定の要素を分離すること、およびこれらの要素を選択し決定し、それを関係のメンバーに伝達するための適正な組織手続きを確立することにある。」と述べている。

組織とは、個人から決定の自治権を一部取り上げ、その代わりとして、組織の意思決定の過程を与える。組織が個人のためになす意思決定は、一般的に、本人の職能すなわち本人の職務の一般的な範囲と性質を明らかにし、権限を分配、組織の中の誰かが、その個人に対してさらなる意思決定を行う権力をもつべきか決定する。かつ、組織の中の数人の活動を調整するために必要とされるような他の制限を個人の選択に課すのである。経営組織は、専門化――特定の仕事は組織の特定の部分へ委譲される――によって特徴づけられる。この垂直的専門化、つまり現作業員と管理監督者の間の意思決定職務の分業の課題は、現場の作業員が、なぜ意思決定の自治権の一部を奪われ、管理監督者の権限と影響力に従うかである。組織における専門化には三つの根拠がある。第一には、何らかの水平的専門化が存在するようであれば、現場作業員と間の調整を達成するために垂直的専門化が絶対に不可欠である。第二に、水平的専門化が、その業務遂行において、現場作業員集団に一層の熟練と専門能力を発揮させうるのとまったく同様に、垂直的専門化も意思決定における一層の専門能力を発揮できる。第三は、垂直的専門化は、現場作業員に企業組織における取締役会に対して、決定の責任をもたせることを可能にする。

意思決定は経営組織そのものであり、意思決定の対象、その意思決定に関わる権限の分布（組織体制）と付与の状態、権限行使とそれに伴う結果とモニタリング機能、取締役会への報告等が経営組織の質、つまり意思決定の質を決定する要因となりうると考えられる。

質の高い意思決定

質の高い意思決定を考察するに当たり、「合理的意思決定とその限界」から始める必要がある。合理的意思決定とは、「意思決定の目的のために最も良い結果を導くという基準で、選択肢を選ぶこと」と言える。偶然思いついた選択肢や、前例と同じ選択肢を根拠なく選択することは合理的意思決定ではない。何が合理的な選択であるか否かは、何が目的であるかによって異なる。企業活動における目的は、経営環境によって変化する。従って、経営環境の変化により合理的な選択も変化することとなる。また、意思決定者が異なると、立場や価値観の違いにより目的自体が変化することもある。つまり意思決定の状況や、誰が決定するかによって、目的が変化し、それに伴い何が合理的な選択肢であるかが異なる可能性が出てくる。また、目的は必ずしも単一のものであるとは限らず、複数の目的を目指す場合には、最大化すべき目的を指標として、適切な比重を付加して判断するべきである。

正解の有無を想定している場合には、正解がある合理性と正解がない判断との関係を無視することはできない。意思決定の目的が明確で必要なデータがある場合は、最適な選択肢を選ぶことは技術的な問題となる。また、理論が正しい限りにおいては、誰が判断しても最適な選択肢は同じとなり、正解を求めることができる。しかしながら，論理的に最適な選択肢を選択する以外の領域は，意思決定者の主観を排除することはできず，必ずしも客観的な正解とはならない。様々な状況における適切な目的を設定することは，意思決定者の主観的判断に依るところが多く，その状況の中で選択肢や有効なデータを見出すことも意思決定者の判断や感性に依存する。また，目的に合ったプロジェクトを選ぶことは，合理的な正解がある場合と思われるが，目的を選ぶことが必ずしも正解がない判断の場合もありうる。合理的意思決定のモデルは，意思決定の要素のうち，正解を求めることができる部分を抜き出したものと言うことができ，目的への適合性だけを問う場合は，それ以外の適否は問わない。しかし，目的の適否を問わないことは，合理的意思決定の問題点にもなりうる。目的が不適切であった場合，合理的であっても不適切な結果をもたらす可能性がある。合理的意思決定のもう一つの問題点は，意思決定者の能力の限界や，状況の不確実性である。能力の限界や不確実性のため，意思決定者はすべての必要な情報を得ることができない場合がある。あるいは十分な情報があっても，最適な選択肢を正しく選択できない時がある。これらの合理的意思決定の限界を予め認識しておくことは重要であり，とりわけ目的，経営戦略の設定の不適切さは結果に致命的な影響を与える。

意思決定の質を左右する重要な要素は，目的の適切さ，選択肢が目的を満たす程度，能力や情報の限界を考慮すること，で構成される。経営戦略の適切さ，戦術や実行計画が経営戦略を実現するに値する程度と，想定する結果への達成度合いとも言い換えることができる。能力や情報の限界を除くと，目的が適切に設定される限り，目的に最も適合する選択肢を選ぶ合理的意思決定は，最も質の高い意思決定である。そのような点においては、合理的意思決定の経験と訓練により、質の高い意思決定が可能となる。ただし、企業においては経営戦略が適切に設定される限りであることを忘れてはならない、と共に経営戦略の適切さは主観的判断を含むため、誰もが一致する基準を設定することは難しく、多くの要因から総合的に判断する必要がある。

能力や情報の限界を考慮する場合には、二つの点に留意が必要となる。一つ目は、意思決定を間違える可能性への対策において、最適な選択がなされなくても大きな損失が発生しないようにすることである。例えば、情報や判断に誤差があっても、リスクの顕在化が小さくなる選択肢を選ぶこと、情報に含まれる時の影響を感度分析で調べる、などである。また、未知の情報があることを前提とし、試行的な行動や探索的な意思決定を検討することも必要となる。二つ目の対策は、労力を最小限にするタイプである。複雑な状況下で意思決定のために時間や労力をかけ過ぎないことである。例えば、簡易的に意思決定を行う方法として、ヒューリスティック(2)、習慣的決定、満足化(3)、直感的決定などがある。これらは完全に合理的意思決定の方法ではなく、正解が得られる確率は低くなる。しかし、簡易な方法で節約できる時間や労力の価値を考えると、形式的な合理的意思決定よりも総合的に質の高い意思決定をする確率が高くなる。意思決定の目的に本来の目的達成度合いを最大化することに加えて、時間や労力等に関わるコストを最小化できることを考慮すると、習慣的決定が、より合理的な意思決定となりうる場合もある。

合理的意思決定は、行動を決定する前に、その時点での目的を基準にして予想結果を比較するために、行動の前に多くの情報が正確に予想できないと意思決定の質が下がることとなる。特に、長期的計画、イノベーション等は事前に適切な目的や結果が不明瞭であるため、探索的な意思決定を採用する場合がある。先ずなんらかの行動を起こし、得られる情報をもとに選択肢を見出したり目的を修正して、次の行動を決定することである。探索においては、行動の後で有用な情報に気づくことが重要である。特に行動や偶然の出来事から想定外の有用な情報に気づく、思わぬものを偶然に発見する才能は、イノベーションが生まれる際の重要な過程であり、試行錯誤や好奇心に基づく行動などがある。

特定の分野に熟達した人の意思決定は、直感的な判断に近づくようである。問題に直面すると、ほぼ反射的に適切な対応ができるように訓練されるからである。選択の適切さのみならず、意思決定にかける時間やコストを最小化するといった側面からも質の高い意思決定と言える。しかし、熟練者ではない一般の人が質の高い意思決定を下す方法としては、合理的意思決定を下す訓練を施すことが有効である。ただし、合理的意思決定は、あらゆる場面において最善の方法であるとは限らないため、意思決定の目的を常に確認し、それが適切であるかを問い続けることが重要である。また、自らの能力や情報に限界があることを認識し、能力や情報の不足が大きな誤りにつながらないよう十分に注意を払う必要がある。直感や習慣に基づく判断であっても、場合によっては適切な意思決定の手段となりうる。時間や労力に余裕のない場面がそれにあたる。しかしながら、時間に余裕がある時に、直感による判断は正しかったのか、習慣的行動が適切であったか等に関して、合理的な視点から見直すことは意思決定の質の向上につながる。

目的の適切さ、つまり経営戦略の適切さは本質的には、何を目的としてビジネスを展開するか、事業活動を展開するか、という問いとなる。経営レベルの意思決定やコーポレートガバナンスでは重要な問題であり、何ために誰のために業務を遂行するのかという問題意識も、ビジネスの多くの意思決定では大切な点である。

リスクと意思決定

リスクは意思決定にどのような影響を与えるのかという論点は、経営戦略を展開する活動において重要である。リスクの対象として想定する事象は、主として大きな損害が発生する事象であるのが一般的であり、リスクといえば下方リスクのみを意味することが多く見られる。一方、経営戦略では、損失が発生する下方リスクだけでなく、利益が生じる可能性としての上方リスクも対象にしている。経済や経営における重要なリスクは、景気変動や企業の業績など、性質的に上方リスクと下方リスクが共存するものが多い。上方リスクと下方リスクは、どの水準を基準にするかによる相対的な概念であり、例えば企業にとっての上方リスクである増益と、下方リスクである減益は収支のどの値を基準に評価するかで変化する。

想定する主なリスクが、損益のような上方リスクを含む場合には、積極的にリスクを取ることが適切な行動となる。経済や経営の領域では、仮に損失が発生しても、代替え利益で損失を回復することが可能となる。

リスクを数量的に表現する一般的な方法は、リスクの影響を受ける変数と、その確率分布で表現するものがある。例えば、将来の業績に関するリスクは、財務指標や株価などの変数とその確率分布で表現できる。起こりうる状況を個別に取り上げて確率を表す方法や、連続的な状況に対する連続的な確率分布で表す方法がある。しかしながら、現実には常に確率分布がわかるとは限らない。ナイト[4]、数量的なリスク分析の可能性の観点から、リスクは確率分布がわかるものと確率分布がわからないものの二つに分類している（ナイトの不確実性）。

「確率分布がわかるタイプのリスク」では、リスク変数の確率分布は、客観的な根拠があることが望ましいが、十分な根拠が得られない場合に、主観的な推測が含まれてしまうことは避けることができない。主観的な推測は精度が問題となるが、厳密にはデータから統計的に確率分布を推定する場合でも、どのデータを統計サンプルに含めるかの段階で、主観的な判断が必要になることが多い。現実的に主観を完全に排除することが困難なため、必要に応じて主観的判断を慎重に行う必要がある。確率分布による表現の問題点も無視することはできない。何らかの確率分布を推定することができても、その信頼性が低い場合がある。確率分布の信頼性が低くなりやすい状況は、参考となる経験的データが極めて乏しく、主観的な推定についても確かな根拠がない場合などである。その他、事象の生起に確率の情報を知った者が意図的に影響を及ぼす場合にも、確率情報の信頼性が低下することがある。

「確率分布がわからないタイプのリスク」では、仮に正確さに確信がない場合でも、確率分布の推定ができる場合には「確率分布がわかるタイプのリスク」に含むことが可能である。例えば、確率分布の根拠となる情報が乏しい場合でも、可能な事象がいずれも同様に確からしく発生すると仮定して、確率分布を推定することが可能である。しかし、そのような推定もできない「確率分布がわからないタイプのリスク」がある。いわゆる想定外の事象が発生するようなリスクである。想定外事象のようなリスクは、確率を推定することが困難であるが、事象が起こりうると気づかない場合にはそもそもリスクを表現する変数は特定できない。想定外事象の例としては、下方リスクであれば想定外の自然災害、大事故、環境問題、政治経済などの急激な変化等が、上方リスクであれば画期的なイノベーションなどが考えられる。想定外事象にあえて確率分布を当てはめる方法としては、個々の具体的な事象ではなく、包括的に想定外の災害のようなカテゴリー事象として取りまとめ、それが発生する確率を採用する方法がある。もしくは知り得る確率分布に基づき算出したリスクの推定値に、何らかの危険率を乗じて想定外事象の影響を含めることも可能である。

シナリオ・プランニング

企業活動、いわゆる経営戦略の展開とは、将来起こり得るであろう諸問題を事前に予期し、どのように企業活動に影響を与えるかを検討、また持続性をもって存続し続けることができるのかという現実的な戦略を創出することである。そのためにも、経営戦略の展開に障害となる諸問題の解決に役立つような戦略的思考および意思決定論が必要となる。ガヨソ[5]は「シナリオ・プランニング」理論を展開している。この理論は、国家の政策立案者や企業の経営陣が様々な将来の起こり得る筋書きを想定し、現実的な目的達成、戦略遂行、問題解決の手段を提供することを可能にする。シナリオ・プランニングは、人が現実を理解することをサポートし、戦略的思考のツールとして機能するように活用されるビジネス的な研究手法である。現代社会は多くの困難とますます膨らみゆく複雑さを抱えており、環境の変化や周辺の状況から極めて多くの刺激にさらされている。現状を理解することは気の遠くなるような作業であり、未来を理解することは決して容易なことではない。人は、過去・現在・未来という一つの時間軸の上で三つの異なる現実に生きている。ある程度過去と現実を把握することができても、未来については未知のままである。人は過去については批判的に考察する能力をもち、現状を理解することができる。しかし、未来を知ることとなるとほとんど不可能である。そこである種の物語、つまりシナリオにより、ある状況における起こり得るいくつかの結末を単に予測するだけでなく、現実を理解することを試みることが有用である。シナリオとは、人が複雑化した問題を理解し、対処し、そして可能性のある結果を予測できるようにするメカニズムであり、未来を予測し行動するための方法論である。また、戦略的プランニングとは、その知識体系として、本質的には経営者が特定の目的を達成できるように設計された一連の戦略を創出するためにある。ドラッカー[6]、ウーグ[7]、ミンツバーグ[8]、ポーター[9]、シャピロ[10]らは、プランニングのことを、「心の中で、何らかの特定の望ましい結果に導くために、よく練られた一連の行動様式」、と定義している。プランニングの一連のプロセスは、いくつかのテクニックによって、その効果が増大する特定の各作業工程のセルで支えられている。これにより、ロードマップ（作業工程）の中で、戦略家や経営者が号令を出して組織統制を取ることができるとしている。このロードマップの主な機能とは、組織の目標を実行可能な一連の行動項目に転換させるために、その組織が進むべきプロセスやステップを形成させることである。その行動項目とは、組織の使命や目的を実現させるために練られたものでもある。企業の目的を実行するプランニングの主な役割は、経営者が構想を練る方法だけでなく、競争の厳しい環境の中で、有利なポジションを獲得することの保障となり得る最良の方法である。プランニングが企業経営でどのように機能するかについて、ポーターは「プランニングの思考過程は理想的で正式な手段であり、これにより組織は競争力を高めることができる」、としている。これにより、組織は経営上の根本的なジレンマを解決することができる。そのジレンマとは、長期にわたって、いかにして組織が生存競争を生き残るのか、といったことである。ガヨソは戦略的プランニングの思考過程におけるいくつかの問題を指摘している。主な課題として、戦略的なビジョンとは、他人と話し合うことで、共有され、そして信じる対象となるということである。また、認識しておかなくてはならないこととして、消費者の好みはしばしば分裂状態にあるということである。異なる社会的な仲介者たちが、自分たちにとって最も個人的に好ましい経営上の変化を過剰に期待してくるので、そのようなまとまりのない要望が経営戦略上で浮き彫りになってくる。そして、提供する商品やサービスに対する要望は推測しにくいもので、供給者はその高い不確実性にしばしば悩まされることがある。

企業が意思決定を下す方法を用いる目的は、この方法によってどれだけ望ましい結果を導くことができるかで、企業の価値が評価されるからである。また、企業も意思決定の方法を用いることで、期待する結果をもたらすことができる。仮に、企業がある意思決定の方法を用いることで、その企業の目的を達成できた場合、それが意味することは、その意思決定の方法そのものが有利であり、さらには目的達成という付加価値を伴う。

経営戦略における意思決定は、完全な情報が欠乏している状態でしばしば下されることになるが、不確実な物事に対応することで、企業はリスクを緩和させるためにいくつもの異なる戦略を試みる。シナリオ・プランニングは、ビジネスでは経営環境上の不確実性を管理する方法として利用されている。アームストロングとレイブシュタインら(11)は、「プランニング・プロセスには五つのステップによる基本的なプランニングの行動手順がある」と提唱している。このプロセスを始めるに当たり、経営陣はいくつかの望ましいゴールや結果を決め、それを目標として設定する。プランニングの立案チームは、アイデアを生み出す段階に入ることで特定の行動戦略が考案され、それが組織全体に伝達され、組織を統制管理することになる。つまり、経営者が絶えず指示を出していたのか、望ましいゴールや結果をもたらすことができたかに関して、その戦略は有効性の評価を受ける。経営者は、個別の戦略のゴールや結果について検証し、その成功率や達成率が高くなるように工夫をし、社内のコミュニケーションがよくとれていたかについて、十分な時間をかけて確認する。こうして戦略のプロセスは展開され、従業員たちは企業の目標に邁進することができる。経営者は状況を分析し、企業の目標を達成できるアイデアを生み出し、一連の行動を実行し、結果を確認し、従業員たちとコミュニケーションをとる。そして、さらに戦略をより良いものとする。

　戦略的にリスクをプランニングする際のシナリオは、「もし～ならば」という仮説を連続させることになる。「安定していて予測可能な未来へのビジョンをもつ」という考え方から、「いくつかの起こり得る未来への認知力をもつ」への変化であり、「伝統的な未来の予測方法を好む経営陣の戦略的プランニングの思考プロセス」を「未来に対して不確実な見方をもつ」ように変えることである。このアプローチは、熾烈な競争、急速な変化、テクノロジーの変革が特徴である市場において、企業が業績を高めることに極めて有効である。結果として、経営者を知的監獄から抜け出すように促す。なぜなら、それは経営者に経営環境の外側を見せることになるからである。このことによって不確実性が伴う他の経営環境上のリスクや、プランニングのプロセスを潜在的に妨害する要素をあぶり出すことができる。そして決まりきった未来の間仕切りが取り除かれることにより、経営者はそれ以外の複数の未来へのシナリオを現実化できるように、自由に考えをめぐらせることが可能となる。

註

（1）Simon, Herbert A.（1997）*Administrative Behavior Fourth Edition*, John Wilkey & Sons, Inc.

（2）ヒューリスティックは、経験的に妥当性が認められた近似解を簡便に求める方法。

（3）満足化は、一定以上の効用が期待できる選択肢が見つかれば、すべての選択肢を検証して最適解を検討することなく決定する方法。

(4) Knight, Frank H., (1921) *Risk, Uncertainty, and Profit,* Schaffiner & Marx; Houghton Mifflin Company.
(5) Gayoso, Romulo W., (2014) *How to Win in Every Scenario,* Xlibris, 8-16.
(6) Drucker, P., (1995) *Management in time of great change. New York,* NY: Truman-Talley Books, 23-27.
(7) Hughes, S., (2005) "Competitive intelligence as competitive advantage", *Journal of Competitive Intelligence and Management* (3), 3-18.
(8) Mintzberg, H., (1994) *The rise and fall strategic planning,* Free Press, 3-7.
(9) Porter, M., (1980) *Competitive strategy,* Free Press, 18-22.
(10) Shapiro, C., (1989) "The theory of business strategy", *The RAND Journal of Economics,* 20(1), 125-137.
(11) Armstrong, J. and Reibstein, D., (1985) *Strategic planning in market,* John Wiley & Sons, 35-38.

第Ⅱ部　実践編

第6章　経営戦略リスクマネジメントの展開方法

「経営戦略リスク」のみを単独で「リスクマネジメント」の対象とすることは、リスクマネジメント活動の本質を考えると、極めて難しいアプローチである。従って、「経営戦略リスクを包括する戦略リスク」を対象としたリスクマネジメントを可能とする条件の検討が必要となる。

そこで、戦略リスクマネジメントを対象として、リスクマネジメントを実行し得る組織体制の潜在的な可能性を探りつつ、最適な組織体制の仮説に基づき検証することとした。さらに、リスクマネジメントの対象としての戦略リスクの定義を検討することも必要となる。そのため、実際にリスクマネジメントを展開している企業活動における実態調査を基本として検証を行った。

検証を実施するに当たり、重要な基本条件を満たす仮説の主眼として、企業内におけるリスクマネジメントの推進が可能となる組織体制の整備が挙げられる。しかしながら、この視点からの日本企業に関する研究や実態調査報告は、これまで確認することができなかった。そこで、研究目的を検証するに当たり、外観上の観察による、「企業のリスクマネジメント推進体制の整備状況」を調査することとした。

第一のアプローチとして、東京証券取引所上場企業を対象とし、リスクマネジメント委員会の設置およびリスクマネジメント機能を所管する別委員会の設置状況を、公開されたデータベース情報より実態を把握し、評価分析を行った。第二のアプローチとして、同じく東京証券取引所上場企業を対象とし、公開された情報では把握できなかった事項に関してアンケートを実施し、評価分析を行った。特に、戦略リスクマネジメントを実践的に遂行する組織体制として、①経営戦略型リスクマネジメント体制（別委員会にてリスクマネジメント機能を所管する場合も含む）、②全社的経営戦略型リスクマネジメント体制（経営企画を中心とした管理部門と、経営会議等にて展開されてきた戦略リスク対応型の意思決定プロセスを融合）の導入状況を検証する。第三のアプローチとして、アンケート回答企業の中から選択し、より詳細を把握するためにヒアリングを実施し、個別企業の実態の評価分析を行った。仮説設定の重要な基本条件としての戦略リスクの定義、リスクマネジメント体制、採用されるフレームワークは次の通りとする。

戦略リスク分類について

リスクトリートメントをベースとして、戦略リスクの四分類を追記している（図３－２：リスク分類を参照)。

経営戦略リスク：経営戦略や経営計画の策定や意思決定時に関わるリスク。

ローンチリスク：経営戦略に基づく経営計画を達成するための、計画実行前リスク（ローンチを成功裡に終えるために想定されるリスク）と実行後リスク（ローンチ後の経営計画の目標達成を阻害するリスク）。

下振れリスク：経営計画の目標値（許容範囲）を想定以上に下回るリスク（未達成リスク、撤退リスクなど）。

上振れリスク：経営計画の目標値（許容範囲）を想定以上に上回るリスク（原料未調達リスク、供給能力不足リスクなど）。

戦略リスクマネジメント体制について

経営戦略型リスクマネジメント体制に戦略リスクへの対応機能を付加している（図6-1：全社的経営戦略型リスクマネジメント体制を参照）。戦略リスクとパフォーマンスリスクを統合したリスクマネジメントを可能とする企業内組織体制を「全社的経営戦略型リスクマネジメント」と称する。これはリスクマネジメント委員会の下に、二つのチーム（戦略リスクとパフォーマンスリスク）を設置し、すべて

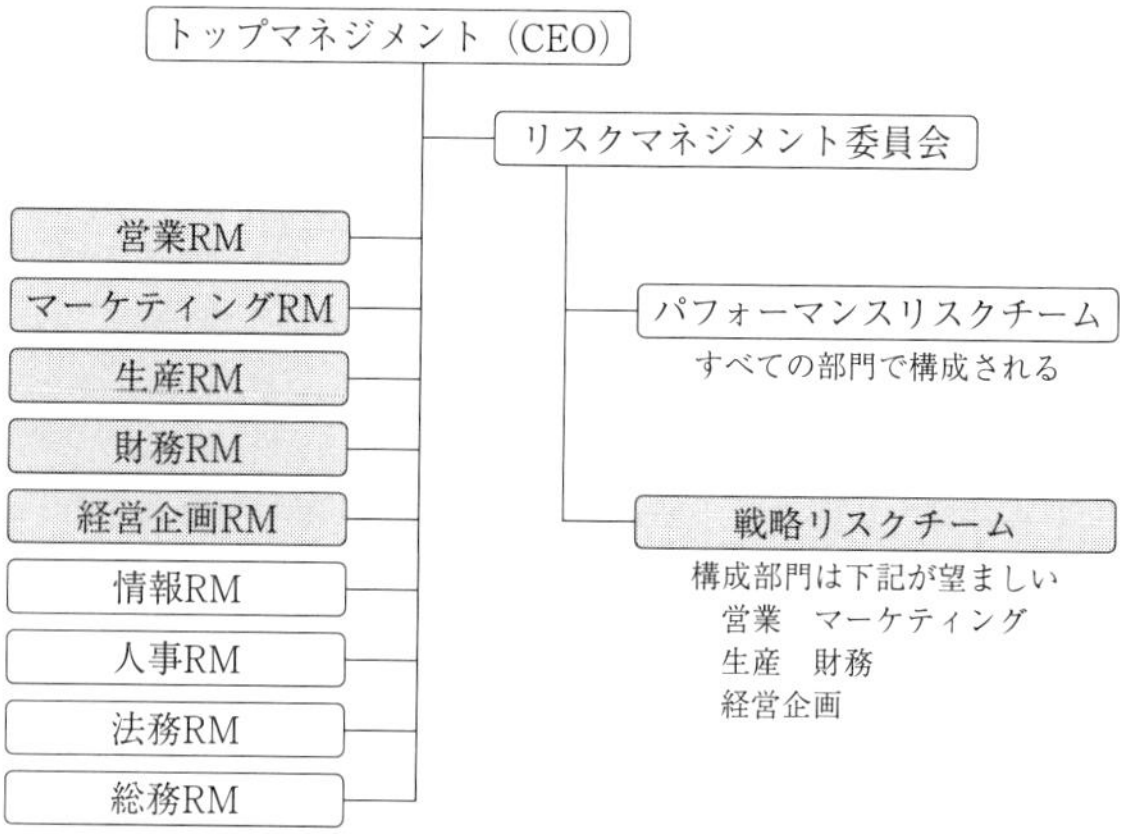

図6－1　全社的経営戦略型リスクマネジメント体制

（出所）筆者作成。

のリスクに関する評価分析、対応策の検討、意思決定に関わる機能をリスクマネジメント委員会が司る。戦略リスクチームの機能は、現在の企業では概ね経営企画所管部門に置かれている。リスクマネジメント委員会の傘下に位置づけることで全社一元管理を図る。

基本となるフレームワークについて

フレームワーク

戦略リスクをリスクマネジメントの対象として取り込んでいる唯一のフレームワークである「ＣＯＳＯ ＥＲＭ：二〇一七」（全社的リスクマネジメント－戦略およびパフォーマンスとの統合、Enterprise Risk Management-Integrating with Strategy and Performance）を活用していることとする。

仮説の設定

「ＣＯＳＯ　ＥＲＭ：二〇一七」フレームワークを活用し、戦略リスクとパフォーマンスリスクを統合した全社的経営戦略型リスクマネジメント体制により、戦略リスクおよび経営戦略リスクマネジメントを展開することが可能である。

第7章　戦略リスクマネジメントの運用実態

データベース分析

戦略リスクとパフォーマンスリスクを統合したリスクマネジメント体制を可能とする重要な基本条件として、企業内におけるリスクマネジメントの推進が可能となる組織体制の整備が挙げられる。そこで経営戦略型リスクマネジメント（別委員会にてリスクマネジメントを所管している組織体制も含む）とリスクマネジメント専門部門が設置されている経営管理型リスクマネジメントの導入状況を調査した。

調査方法は、東洋経済新報社が発行する『CSR企業総覧』に公開されている情報から抽出したデータを調査対象とした。この『CSR企業総覧』は二〇〇五年から毎年発行されており、上場企業（一部非上場企業も含む）を対象に、以下の九項目に関するアンケート結果が取りまとめられている。

①会社基本データ
②ＣＳＲ＆財務評価・格付け
③ＣＳＲ全般
④ガバナンス・法令遵守・内部統制
⑤雇用・人材活用
⑥消費者・取引先対応
⑦社会貢献
⑧企業と政治の関わり
⑨環　境

特に、④「ガバナンス・法令遵守・内部統制」で、リスクマネジメント等への取組みとして、体制・基本方針・対応マニュアル・責任者・取り組み状況の項目が含まれている。「リスクマネジメント等への取り組み」の具体的な回答項目は以下の通りである。

- 体　制
- 基本方針
- 対応マニュアル

・責任者
・ＢＣＭ（事業継続マネジメント）構築
・ＢＣＰ（事業継続計画）策定
・取り組み状況

本調査では、「ＣＯＳＯ ＥＲＭ：二〇一七」が二〇一七年九月に正式発行されたことより、その発行年の前後に当たる、二〇一六年度と二〇一八年度の企業価値の推移を検証するため、「二〇一六年度ＣＳＲ企業総覧」（調査実施時期：二〇一五年六月〜一〇月）を選択した。「二〇一六年度ＣＳＲ企業総覧」における調査実施内容の概要は以下の通りである。

・調査対象企業：三六六〇社（うち四〇社は非上場企業）
・データ総数：一三二五社
・回答率：三六・二％

①データの抽出

データ総数である一三二五社分の「リスクマネジメント等への取り組み」に記述されている、以下の内容に関して詳細を確認した。

・体　制
・基本方針
・対応マニュアル
・責任者
・ＢＣＭ構築
・ＢＣＰ策定
・取り組み状況

また、導入されているリスクマネジメント体制を識別するために、便宜上次のように分類した。

①リスクマネジメント委員会を設置
②リスクマネジメント機能を有する別委員会を設置
③リスクマネジメント専門部門を設置

①および②は、経営戦略型リスクマネジメントであり、③は経営管理型リスクマネジメントである。

②結　果

データ総数一三二五社にて導入されているリスクマネジメント区分の割合は以下の通りであった。

設置が確認できた企業数　　二九・七三％（三九四社）

内　訳

①リスクマネジメント委員会を設置　　二二・九四％（三〇四社）

②リスクマネジメント機能を有する別委員会を設置　　五・一三％（六八社）

③リスクマネジメント専門部門を設置　　一・六六％（二二社）

経営戦略型リスクマネジメント（①＋②）が三七二社で、全体の二八・〇七％（リスクマネジメント機能を有する別委員会を設置を含む）、経営管理型リスクマネジメント（③）が二二社で、全体の一・六六％であった。

東京証券取引所で分類されている三三の業種分類[1]ごとに、設置が確認できた企業の内訳をまとめたのが表7－1である。

また、経営戦略型リスクマネジメントを導入していると考えられる企業（①＋②）割合の平均値二八・〇七％を上回る業種は以下の通りであった。

表7－1　33の業種分類別のリスクマネジメント体制

業　種	回答数	確認数	割合(%)	①	②	③
水産・農林業	4	1	25	1	0	0
鉱　業	2	1	25	1	0	0
建設業	66	26	39	23	2	1
食料品	57	22	38.60	15	7	0
繊維製品	25	10	40	8	2	0
パルプ・紙	10	4	40	2	2	0
化　学	104	31	29.80	19	9	3
医薬品	34	16	47	10	6	0
石油・石炭製品	4	1	25	1	0	0
ゴム製品	12	6	50	4	1	1
ガラス・土石製品	18	8	44.40	6	1	1
鉄　鋼	16	4	25	3	1	0
非鉄金属	16	5	31.20	3	2	0
金属製品	25	5	20	4	1	0
機　械	78	20	25.60	17	3	0
電気機器	113	47	41.60	34	9	4
輸送用機器	58	22	37.90	18	3	1
精密機器	18	6	33.30	4	2	0
その他製品	39	11	28.20	9	2	0
電気・ガス業	11	3	27.30	3	0	0
陸運業	20	3	15	3	0	0
海運業	6	1	16.70	1	0	0
空運業	3	2	66.70	2	0	0
倉庫・運輸関連	15	1	6.70	1	0	0
情報・通信業	100	23	23	16	4	3
卸売業	135	28	20.70	23	4	1
小売業	111	22	19.80	19	0	3
銀行業	42	11	26.20	9	0	2
証券・商品先物取引業	14	6	42.90	5	0	1
保険業	13	7	53.80	4	3	0
その他金融業	15	7	46.70	6	0	1
不動産業	33	9	27.30	8	1	0
サービス業	111	25	22.50	22	3	0
合　計	1,325	394	29.73	304	68	22

（出所）著者作成。

空運業：六六・七％
保険業：五三・八％
医薬品：四七・〇％
ゴム製品：四一・七％
その他金融業：四〇・〇％
繊維製品、パルプ・紙：四〇・〇％
ガラス・土石製品：三八・九％
食料品：三八・六％
電気機器：三八・一％
建設業：三七・九％
輸送用機器：三六・二％
証券・商品先物取引業：三五・七％
精密機器：三三・三％
非鉄金属：三一・二％
その他製品：二八・二％

③考　察

今回の調査において、①導入されているリスクマネジメント体制の割合、②業種ごとのリスクマネジメント体制導入の割合、に関する知見を得ることができたが、導入されているリスクマネジメント体制と企業価値の推移における相関関係は確認できなかった。全社的経営戦略型リスクマネジメントへの発展の可能性を有する企業が、全体の二八・〇七％であったことから、二〇一六年時点における日本の上場企業では、七〇％強の企業がリスクマネジメント委員会およびリスクマネジメント機能を有する別委員会を設置しておらず、「ＣＯＳＯ　ＥＲＭ：二〇一七」が求める戦略リスクと、パフォーマンスの統合を可能とする全社的経営戦略型リスクマネジメントの導入企業は、日本の企業組織の一般的な内部事情から判断すると、極めて可能性が低い状況であることが想定される。

一方、今回調査対象とした「二〇一六年度ＣＳＲ企業総覧」のデータ分析では、以下の点に課題が残った。

①導入しているリスクマネジメント体制に関する詳細情報が不十分
②リスクマネジメントの対象リスクに関する詳細情報が不十分
③リスクマネジメント委員会委員長に関する詳細情報が不十分
④危機管理に関する回答が相当程度混在していた

これらの課題を解決するために、より詳細情報の獲得を目的とした独自のアンケート実施が必要と判断した。

アンケート調査

本アンケート調査は、データベース分析において課題とされた前記①〜④を解決することを目的とした。

さらに、コンプライアンス委員会の設置状況、損害保険の調達状況に関しても調査対象とした。

また、企業内における戦略リスクの対応組織、意思決定プロセスに関する調査も合わせて行った。

アンケート実施に当たり、アンケート項目への認識レベルを合わせることが重要と考え、アンケート対象者を、ガバナンスにおいて重要な機能である監査サイド、つまり監査役もしくは監査等委員とした。いずれも役職は取締役であり、経営に対して一定の見識と経験を有していることがその根拠である。仮に、回答者が業務執行サイドであった場合には、回答者の役職や経験等にバラツキが出てくることが容易に想定されることより、回答内容の妥当性が低くなると判断したものである。

アンケート対象企業を東京証券取引所上場企業とすること、およびアンケート回答者を監査役もしくは監査等委員としたことより、産業経理協会監査役員業務研究会[2]の企業会員二二一社を対象した。

①アンケートの実施

アンケートは、企業名は無記名で実施。実施期間は、二〇一九年六月六日から二〇一九年六月一七日、対象企業数は二二一社、回答企業数は八八社、回答率は三九・八％であった。

アンケートの内容は次の通りである。

①リスクマネジメント推進体制について（該当する項目をチェックしてください）

□リスクマネジメント委員会を設置している

□他の委員会にてリスクマネジメントを所管している

　担当委員会名は何でしょうか：

□リスクマネジメントの専門部門が設置されている

　部門名はどこでしょうか：

□兼務としてリスクマネジメントを取り組んでいる

　担当部門名はどこですか：

②リスクマネジメント委員会について

✔設置したのはいつでしょうか：　　　年　　　月

✔委員長の職務上の役職は何でしょうか：

✔対象としているリスクは何でしょうか（複数選択可能）

• 防災リスク（自然災害、火災など）
• 業務・組織に関わるリスク
• 情報セキュリティリスク（個人情報保護含む）
• 風評被害リスク（危機報道、SNSリスクなど含む）
• 戦略リスク（新規事業、投資、M&A、撤退などの経営戦略）
• その他のリスク：

✓委員会の人数について回答ください：　　人

✓委員会の開催頻度について回答ください：　　回／年

✓リスク評価を実施していますか：　はい　いいえ

✓リスク評価の実施頻度について回答ください：　年に　回

✓「ISO三一〇〇〇：二〇〇九」を活用していますか：　はい　いいえ

✓「COSO ERM：二〇一七」を活用していますか（検討中含む）：　はい　いいえ

③戦略リスクへの対応について

✓戦略リスクを担当する部門はどこですか（複数回答可）

• 経営企画部　• 営業部　• マーケティング部
• 開発部　• 財務部　• その他：

✓戦略リスクへの対応策を決定する組織的なプロセスはどのようになっていますか（複数回答可）

・担当部門→経営企画部→経営会議→経営トップ
・担当部門→経営企画部→経営トップ
・担当部門→経営会議→経営トップ
・担当部門→経営トップ

✓リスクマネジメント委員会と連携していますか：　はい　いいえ

④コンプライアンス委員会について

✓コンプライアンス委員会を設置していますか：　はい　いいえ

⑤損害保険について

✓損害保険手配はリスクマネジメントと考えていますか：　はい　いいえ
✓損害保険を担当している部門はどこですか：
✓手配にあたりリスク評価結果を参考としていますか：　はい　いいえ

②結果と考察

対象企業数二二一社のうち、回答企業数八八社（回答率は三九・八％）に関する回答結果は以下の通りであった。なお、リスクマネジメント体制に関する区分を、①リスクマネジメント委員会設置、②個別委員会にてリスクマネジメント機能を所管、③リスクマネジメント専門部門設置もしくは各部門、の三パターンとした。また、括弧内は回答企業数である。

（1）リスクマネジメント体制に関する状況

リスクマネジメント委員会設置企業が回答企業の過半数を占めていることから、戦略リスクとパフォーマンスを統合した全社的経営戦略型リスクマネジメント体制を採用している企業が存在している可能性は高いと推測された。

①リスクマネジメント委員会設置　五六・八％（五〇社）
②別委員会にてリスクマネジメント機能を所管　二五％（二二社）
③リスクマネジメント専門部門設置もしくは各部門　一八・二％（一六社）

（2）リスクマネジメント委員会および別委員会の委員長の役職（回答数六八社）

- 代表取締役社長　四四・一％（三〇社）
- 副社長／専務／常務　一九・一％（一三社）
- 担当取締役　二〇・六％（一四社）
- CRO　一・五％（一社）
- 本部長／部長　四・四％（三社）

ほぼ経営トップと経営のジェネラル層が委員長のポストを担っており、リスクマネジメントを重要な全社活動として認識していると共に、責任と権限を付与していると考えられた。

（3）リスクマネジメントで対象としているリスク（複数回答企業あり：回答数六九社）

- 防災リスク（自然災害・火災など）　九二・八％（六四社）
- 業務・組織に関わるリスク　八七・〇％（六〇社）
- 情報セキュリティリスク（個人情報保護含む）　九一・三％（六三社）
- 風評被害リスク（危機報道・SNSリスク含む）　七六・八％（五三社）
- 戦略リスク（新規事業・投資・M&A・撤退等の経営戦略）　五三・六％（三七社）

防災リスク、業務・組織に関わるリスク、情報セキュリティリスクはどの企業においてもリスクマネジメントの対象としている。業種によるバラツキが想定された風評被害リスクであったが、八〇％弱の企業が対象としている。戦略リスクに関しては過半数を若干上回っている状況であった。

（4）委員会の構成人数（回答数六三社）

- 五～一〇人　二八・六％（一八社）最少人数は五人
- 一一～一五人　四二・九％（二七社）
- 一六～二〇人　一九・〇％（一二社）
- 二一人～　九・五％（六社）最多人数は四〇人

（5）委員会の開催頻度（複数回答あり：回答数六七社）

- 一〜二回　五二・二％（三五社）最少回数は一回
- 三〜四回　二九・九％（二〇社）
- 〜一二回　一七・九％（一二社）最多回数は一二回
- 都度　六・〇％（四社）

開催頻度が一〜四回の意味するところは、通年一回／四半期に一回の定期開催の場において報告事項が中心の運用になっていると考えられる。リスクマネジメントの機能を阻害する最大の要因の一つに「形骸化」が挙げられる。従って、定期開催と臨時開催（緊急事案発生に応じて）の組合せ運用で機動力を発揮させることが望ましい。

（6）リスク評価の実施と頻度（複数回答あり：回答数五二社）

リスク評価を実施している　五九％

- 年一回　五七・一％（三〇社）
- 年二回　二五・一％（一三社）
- 年四回　二六・九％（一四社）
- 年一二回　一三・四％（七社）
- 不定期　一・九％（一社）
- 二〜五年に一回　五・七％（三社）

リスク評価は、リスク情報を収集するために極めて重要なアプローチであり、定点観測手法の一つである。年一回の実施が六〇％弱との結果となっているが、リスクは常に変化していることを考慮すると、重要リスク（例えば、トップ五または一〇など）に関しては実施頻度を多くすることが望ましい。

（7）「ＩＳＯ三一〇〇〇：二〇〇九」を活用している（回答数一三社）　一四・八％

内訳と区分内割合　（①／②／③：五〇／二三／一六）

①リスクマネジメント委員会設置　二四％（一二社）

②別委員会にてリスクマネジメント機能を所管　四・五％（一社）

③リスクマネジメント専門部門設置もしくは各部門　六・五％（一社）

「ＩＳＯ三一〇〇〇：二〇〇九」はリスクマネジメントをＰＤＣＡサイクルでまわすことを求めている。従って、活用することにより高い有効性が期待できるが、活用状況は低いレベルに留まっていた。

（8）「ＣＯＳＯ ＥＲＭ：二〇一七」活用または検討している　（回答数一三社）

回答数一三はすべてリスクマネジメント委員会設置（五〇社）　二六％

「ＣＯＳＯ ＥＲＭ：二〇一七」は戦略リスクとパフォーマンスを総合したリスクマネジメントの展開を求めている。リスクマネジメント委員会設置企業五〇社中一三社、二六％と低いものの、実際に活用または検討中との結果であったことは、具体的に展開活動が行われている可能性を見出すことができる。

（9）戦略リスクを担当部門について（複数回答企業あり：回答数七〇社）

回答数七〇は、すべて区分「①リスクマネジメント委員会設置」と「②別委員会にてリスクマネジメント機能を所管」、であった。

- 経営企画部　九〇％（六三社）
- 財務部　一二・九％（九社）
- 営業部　一四・三％（一〇社）
- マーケティング部　八・六％（六社）
- 開発部　七・一％（五社）
- その他　一二・九％（九社）

（10）戦略リスクへの対応策決定の意思決定プロセスについて（複数回答企業あり：回答数五四社）

（A）担当部門→経営企画部→経営会議→経営トップ（回答数五四社）

内訳と区分別割合

①リスクマネジメント委員会設置　五五・六％（三〇社）

②別委員会にてリスクマネジメント機能を所管　二七・八％（一五社）

③リスクマネジメント専門部門設置もしくは各部門　　一六・七％（九社）

(B)担当部門→経営企画部→経営トップ（回答数一九社）

内訳と区分別割合

①リスクマネジメント委員会設置　　七八・九％（一五社）

②別委員会にてリスクマネジメント機能を所管　　一五・八％（三社）

③リスクマネジメント専門部門設置もしくは各部門　　五・三％（一社）

(C)担当部門→経営会議→経営トップ（回答数二二社）

内訳と区分別割合

①リスクマネジメント委員会設置　　四五・五％（一〇社）

②別委員会にてリスクマネジメント機能を所管　　三一・八％（七社）

③リスクマネジメント専門部門設置もしくは各部門　　二二・七％（五社）

(D)担当部門→経営トップ（回答数八社）

内訳と区分別割合

①リスクマネジメント委員会設置　　七五％（六社）

②別委員会にてリスクマネジメント機能を所管　　二五％（二社）

③リスクマネジメント専門部門設置もしくは各部門　　〇％（〇社）

(11) 戦略リスク対応とリスクマネジメント委員会との連携状況（回答数三八）
内訳と区分内割合（①／②／③：五〇／二二／一六）
①リスクマネジメント委員会設置　五八％（二九社）
②別委員会にてリスクマネジメント機能を所管　四〇・九％（九社）
③リスクマネジメント専門部門設置もしくは各部門　〇％（〇社）

リスクマネジメント委員会設置企業では五八％、別委員会にてリスクマネジメント機能を所管企業では四〇・九％と、いずれも過半数前後の企業がリスクマネジメント機能を有する会議体と戦略リスク対応に関して何らかの連携を取っている状況であり、戦略リスクとパフォーマンスを総合したリスクマネジメントの展開活動が行われている可能性を見出すことができた。

(12) コンプライアンス委員会の設置（回答数七三社）
内訳と区分内割合（①／②／③：五〇／二二／一六）
①リスクマネジメント委員会設置　七六％（三八社）
②別委員会にてリスクマネジメント機能を所管　九五・五％（二一社）
③リスクマネジメント専門部門設置もしくは各部門　八七・五％（一四社）

(13) 損害保険手配はリスクマネジメントである（回答数七三社）

内訳と区分内割合（①／②／③：五〇／二二／一六）

①リスクマネジメント委員会設置　　八二％（四一社）

②別委員会にてリスクマネジメント機能を所管　　八一・八％（一八社）

③リスクマネジメント専門部門設置もしくは各部門　　八七・五％（一四社）

(14) 損害保険を担当する部門（複数回答企業あり：回答数七三社）

総務　四九社、経理・財務　一〇社、経営企画　六社、法務　五社、各部門　五社、秘書　三社、リスクマネジメント　二社、人事　二社、営業　二社、審査　一社

(15) 損害保険手配にリスク評価結果を参考にしている（回答数四二社）

内訳と区分内割合（①／②／③：五〇／二二／一六）

①リスクマネジメント委員会設置　　七六％（三八社）

②別委員会にてリスクマネジメント機能を所管　　一八・二％（四社）

③リスクマネジメント専門部門設置もしくは各部門　　〇％（〇社）

「戦略リスクとパフォーマンスを総合した全社的経営戦略型リスクマネジメント体制が整備され、かつ戦略リスクに関する意思決定プロセスに組み込まれているであろう」と、想定される組み合わせは、次の要件を満たす場合であると考えられる。

・リスクマネジメント委員会が設置されている
・戦略リスクをリスクマネジメントの対象リスクとしている
・「COSO ERM：二〇一七」を活用もしくは検討している
・意思決定プロセスは(A)（担当部門→経営企画部→経営会議→経営トップ）である
・戦略リスク対応に関してリスクマネジメント委員会と連携している

すべて満たした企業数は五社であった。参考までに、「意思決定プロセスは(B)」の企業数は二社、「意思決定プロセスは(C)」の企業数二社はあった。

アンケート調査から導かれること

「戦略リスクとパフォーマンスを総合した全社的経営戦略型リスクマネジメント」を可能とする組織体制として、第六章の「戦略リスクマネジメント体制」において、想定組織スキーム（図6-1「全社的経営戦略型リスクマネジメント体制」）を示しているが、今回のアンケート調査結果より、想定組織スキームを三タイプ（Ⅰ、Ⅱ、Ⅲ）に分類することができる。

タイプⅠ（図7-1）

想定組織スキームに経営戦略に関する議論および準意思決定機能としての「経営会議」が追加され

る。リスクマネジメント委員会は経営戦略の意思決定に対して、インテリジェンス機能として位置づけられ、適切な判断基準となる情報を提供する。リスクマネジメント委員会は、経営戦略の意思決定に対し強い影響力を有する。経営戦略の意思決定は、経営会議およびトップマネジメントで行われる。

タイプⅡ（図7-2）

想定組織スキームに経営戦略に関する議論および準意思決定機能としての「経営会議」が追加される。リスクマネジメント委員会は経営戦略の意思決定に対してインテリジェンス機能として位置づけられ、最適な意思決定基準となる情報を提供する。ただし、リスクマネジメント委員会の傘下に戦略リスクチームを設置せず、既存部門の中で経営企画機能を有する部門が中心となり戦略リスク対応を担う。リスクマネジメント委員会は経営戦略の意思決定に対し、一定程度の影響力を有することが想定される。経営戦略の意思決定は、経営会議およびトップマネジメントで行われる。

タイプⅢ（図7-3）

リスクマネジメント委員会は、経営戦略の意思決定に対してインテリジェンス機能として位置づけられ、最適な意思決定基準となる情報を提供する。ただし、既存部門の中で経営企画機能を有する部門が中心となって戦略リスク対応を担い、経営戦略に関する議論および準意思決定を行うこととなる。リスクマネジメント委員会は、経営戦略の意思決定に対しての影響力は弱く、諮問機関の位置づけと

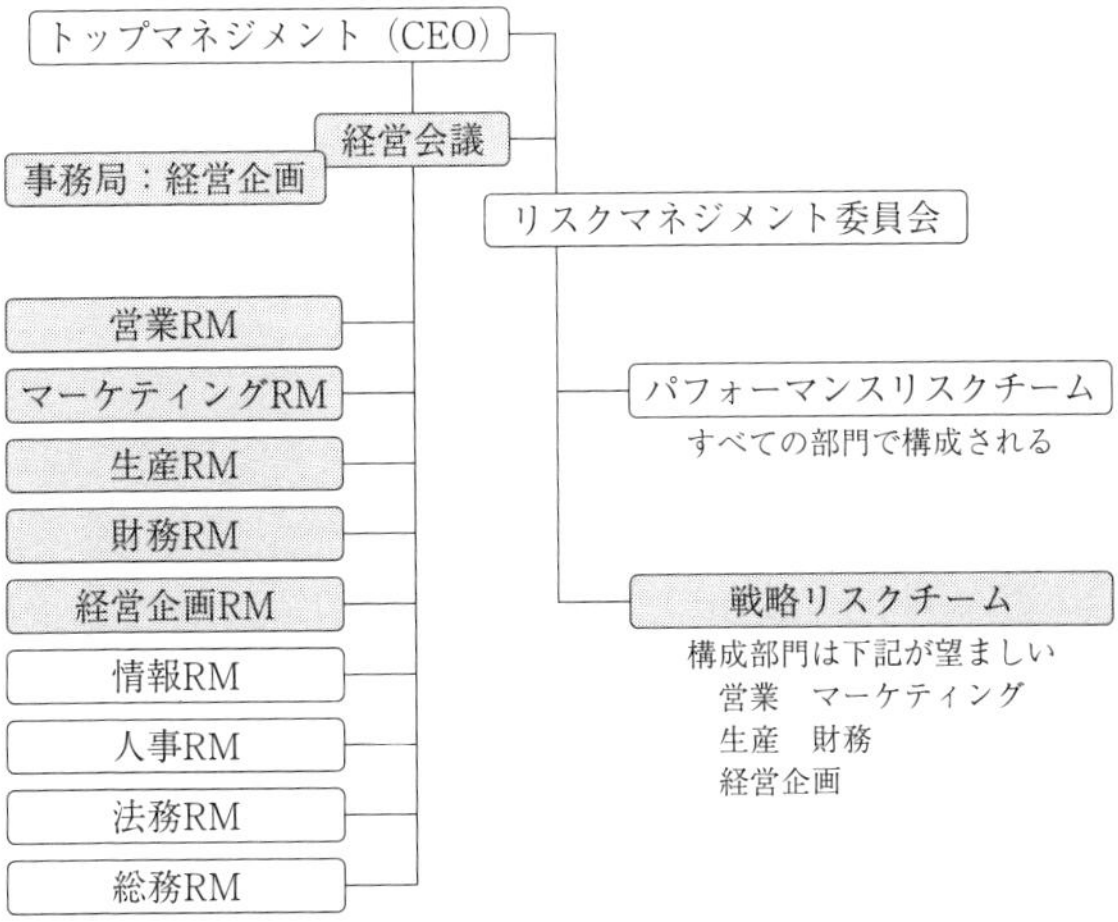

図7-1　全社的経営戦略型リスクマネジメントタイプⅠ

（出所）著者作成。

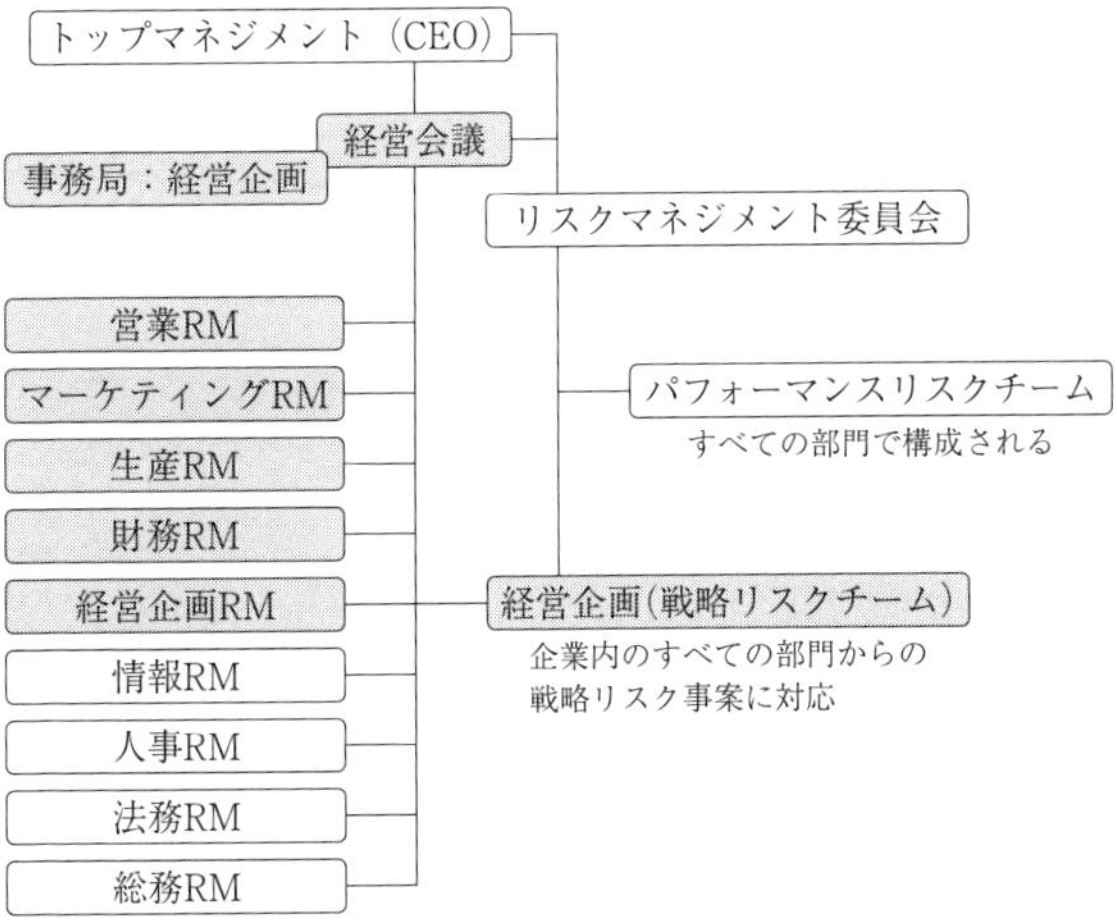

図7-2　全社的経営戦略型リスクマネジメントタイプⅡ

（出所）著者作成。

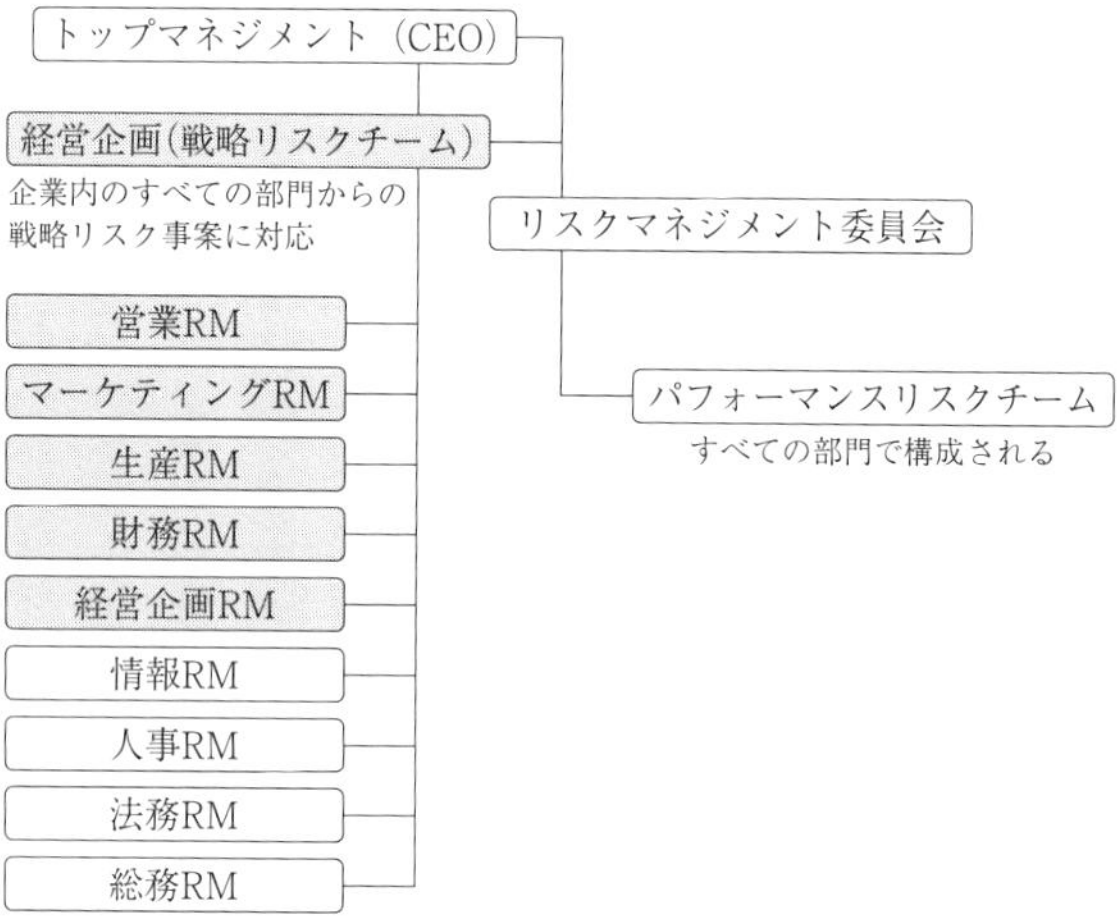

図7－3　全社的経営戦略型リスクマネジメントタイプⅢ

（出所）著者作成。

なることが想定される。経営戦略の意思決定は、経営企画機能を有する部門、トップマネジメントで行われる。

今回のアンケート調査では、実際の企業活動に関する情報の側面から以下の点に課題が残った。

①戦略リスク対応リスクマネジメント体制に関する詳細情報が不十分

②戦略リスクの創出／対応検討／意思決定基準に関する詳細情報が不十分

これらの課題を解決するために、より詳細な情報の獲得を目的とした個別企業へのヒアリング実施が必要と判断した。

ヒアリング調査は、アンケート調査において課題とされた前記の①および②を解決することを目的とした。

ヒアリング調査

ヒアリング企業は、アンケート調査対象とした一般財団法人産業経理協会監査役員業務研究会の会員企業二二一社より選定した。選定基準は、一般的に企業業績を表す指標である株価の変動度合い（表7－2：二〇一六年四月一日付終値と二〇一九年四月五日付終値を比較／上昇、下落、横ばい）とした。業種特性を一定程度考慮した上で、一五社を選定し、ヒアリング依頼を行ったが、承諾を得た企業は表7－2の九社であった。ヒアリング対象者はガバナンスにおいて重要な機能である監査サイド、つまり監査役もしくは監査等委員とした。

表7－2　株価比較表

（単位：円）

株価期日	2016年4月1日	2019年4月5日
A社（飲料メーカー）	3,354	4,749
B社（飲料メーカー）	1,524	2,588
C社（保険）	1,304	1,651
D社（化学品メーカー）	4,270	5,156
E社（食品メーカー）	2,245	3,290
F社（機械メーカー）	2,280	3,315
G社（精密機器メーカー）	1,681	1,578
H社（化学品メーカー）	1,800	2,938
I社（金融）	1,910	2,787

（出所）著者作成。

①ヒアリングの実施

九社に対し、二〇一九年七月二九日から二〇一九年八月九

表7-3　ヒアリング結果

	戦略リスク含	COSO2017を活用／検討	RMCと連携
A社	○	○	○
B社	○	○	○
C社	○	○	○
D社	—	—	○
E社	○	—	○
F社	—	—	—
G社	—	—	—
H社	—	—	—
I社	—	—	—

（出所）著者作成。

日の期間でヒアリングを実施した。ヒアリングの項目は以下を基本とした。

▼アンケート項目
▼戦略リスク対応リスクマネジメント体制
▼戦略リスクの創出方法／対応検討／意思決定基準

②結果と考察

ヒアリング対象企業は、すべてリスクマネジメント委員会（RMC）設置会社であった。また、①リスクマネジメント委員会の対象リスクに戦略リスクを含むか、②「COSO ERM：二〇一七」を活用もしくは検討しているか、③戦略リスクへの対応策検討においてリスクマネジメント委員会と連携しているか、に関しては以下表7-3の通りであった。

「『COSO ERM：二〇一七』を活用もしくは検討している」および「戦略リスクへの対応策検討においてリスクマネジメント委員会と連携している」と回答があった企業三社に関するヒアリング結果は次の通りであった。

ヒアリング調査の詳細

A　社

企業概要

一九四九年設立。関連会社にウイスキー会社を擁し総合酒類メーカーを志向。二〇一二年の乳性飲料メーカーの完全子会社化で国内飲料シェアで三位グループに入った。食品も手掛ける。海外M＆Aに積極的で、豪州の酒類事業などを含めアジアやオセアニアに進出。西欧や東欧のビール事業も買収し、新たな収益基盤を獲得。買収後の統合が課題。一方で中国の主力ビールメーカーなど相乗効果の薄い投資については撤退も進める。

業　績　（二〇一六年四月一日）　（二〇一九年四月五日）
株　価　三三五四円　四七四九円
発行済株式総数　四八三五八五（千株）　四八三五八五（千株）
時価総額　一兆六二一九億四四〇九万円　二兆二九六五億四五一六万円

戦略リスクとパフォーマンスを統合するリスクマネジメント体制について

• ホールディングのリスクマネジメント委員会（以下、ＥＲＭ委員会と称する）では戦略リスク、信用リスク、市場リスクを対象としており、国内およびグローバルをすべてテリトリーとしている。その他のすべてのリスク（主にパフォーマンスリスク、危機対応）はコンプライアンス委員会で対応し、国内事業および子会社が対象範囲となっている。海外事業会社および海外子会社は、それぞれにリスクマネジメント委員会を設置し、戦略リスクを含むすべてのリスクを対象に展開している。そして、ホールディングのリスクマネジメント委員会（ＥＲＭ委員会）がそれらを統括している。ＥＲＭ委員会の委員長は代表取締役社長、委員会構成員は七名（取締役および常勤監査役）、開催頻度は年四回、リスク評価は年一回実施。「ＩＳＯ三一〇〇〇」および「ＣＯＳＯ ＥＲＭ：二〇一七」を活用している。

- 経営陣の危機感・事業環境の激変予測等を、戦略リスク（経営戦略リスク）に反映させることを目的として、取締役全員にインタビューを実施し、「リスクレジスター一〇」としてトップダウンのリスク情報を収集している。また、各部門・事業会社における戦略リスク（経営戦略リスク）は、ボトムアップでリスク情報も収集している。戦略リスク（経営戦略リスク）を対象としているＥＲＭ委員会の運営事務局は経営企画部門である。経営戦略に関する議論は主に経営戦略会議で行われ、議長は代表取締役社長、運営事務局は経営企画部門である。従って、戦略リスク（経営戦略リスク）に関するグループ全体の情報が、経営企画部門に集約されることになっている。

全社的経営戦略型リスクマネジメント分類では、次の図７－５の通りタイプⅡとほぼ一致する。

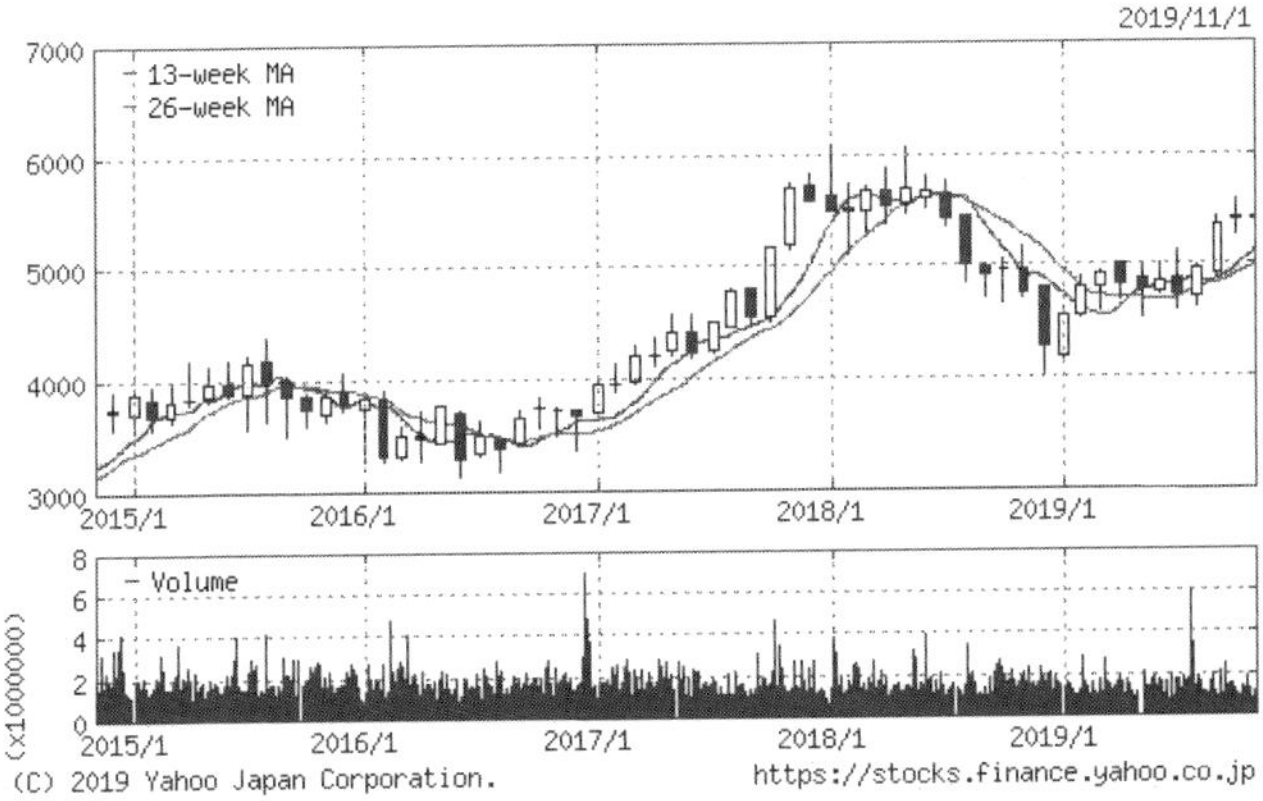

図７-４　Ａ社株価推移

（出所）Yahoo! Japan ファイナンス（https://stocks.finance.yahoo.co.jp/stocks/）。

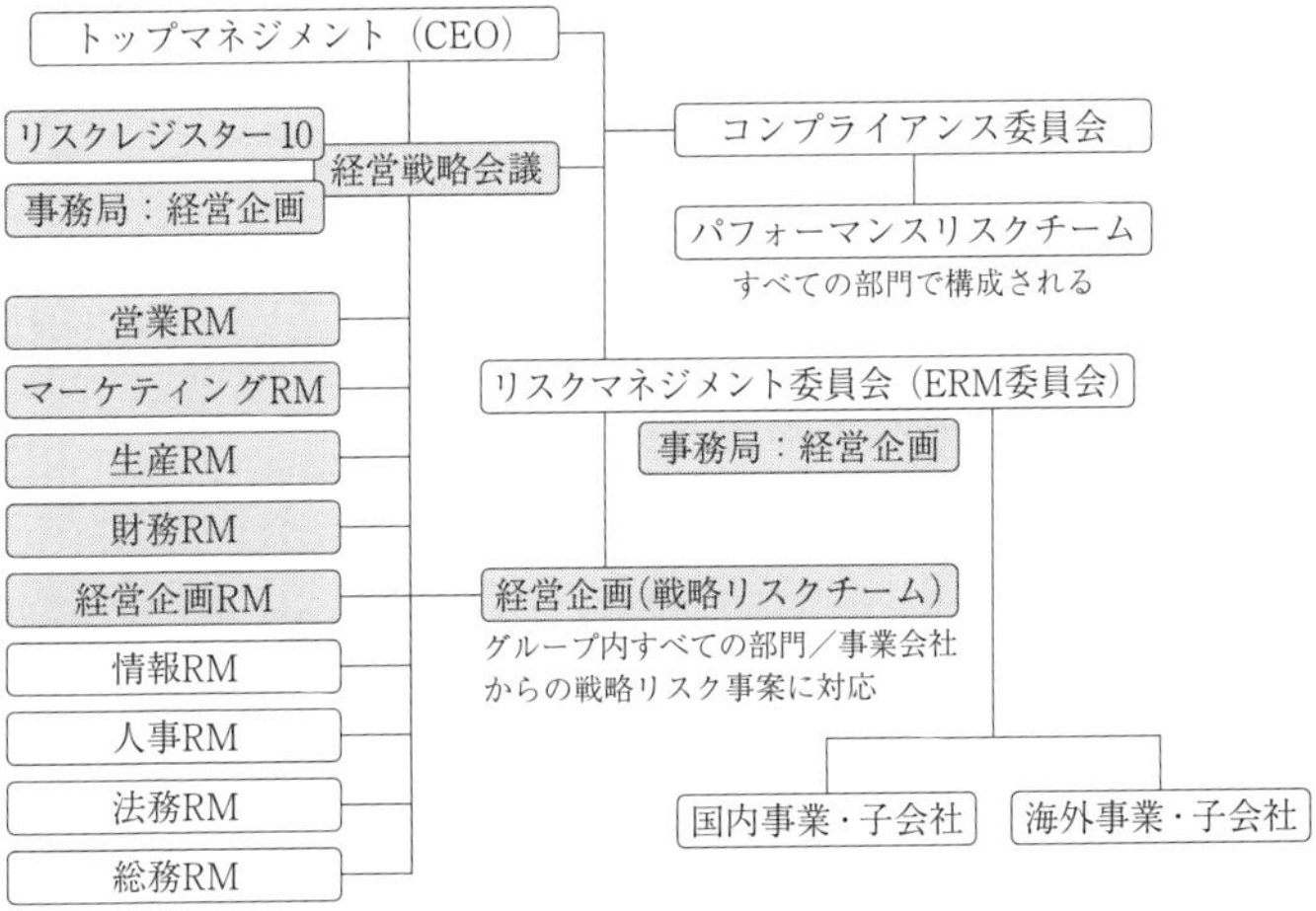

図７-５　Ａ社の全社的経営戦略型リスクマネジメント組織体制

（出所）著者作成。

戦略リスク（経営戦略リスク）の意思決定基準

- 将来の事業ポートフォリオを議論・決定するに当たり、極力、現状・現場発想を排除し、経営環境にダイナミックに影響を与え得るであろう不確実性に関する情報を収集している。また、それぞれの経営戦略シナリオに基づき、財務リスク、マーケットリスク、人材リスク、オペレーションとリテンションの評価と対応策を重要視している。

トピック

- ビール世界最大手のベルギーの会社からオーストラリア事業を一兆二〇〇〇億円で買収。二〇二〇年第一四半期に契約締結。日欧豪の三極でグローバルで展開する基盤の確立完成を目指す。事業利益（国際会計基準）の半分を海外で稼ぐ体制。二〇一六年には一兆二〇〇〇億円を投じて欧州事業を買収済み。
- 二〇一九年一月一日よりリスクマネジメント体制を現体制に大きく変更し、グローバルベースで戦略リスクテイクを強化。これまで欧州や豪州で買収した企業において、ERM体制がグローバル展開・戦略リスクテイクの面において先進的であったことから、グループ全体としてのリスクマネジメントレベルの向上が急務であった。
- 二〇一八年から戦略マインドを醸成し意識改革を図るために、グループフィロソフィーを一〇数カ国語に翻訳して徹底している。

B　社

企業概要

一九〇七年創業。傘下にはビール、ワイン、飲料、医薬など多数の企業を擁す。二〇〇七年に純粋持株会社へ移行し、M&Aで多角化を推進。海外展開に積極的で、豪大手乳業メーカーに続き、二〇〇九年には豪ビール大手を完全子会社化。一方でブラジルからは撤退。海外はミャンマーが成長株。国内外ともコスト削減など収益構造改革に腐心。

業　績　（二〇一六年四月一日）　　（二〇一九年四月五日）

株　価　一五二四円　　二五八八円

発行済株式総数　九一四〇〇〇（千株）　　九一四〇〇〇（千株）

時価総額　一兆三九二九億三六〇〇万円　　二兆三六五四億三二〇〇万円

戦略リスクとパフォーマンスを統合するリスクマネジメント体制について

・ホールディングのグループリスクマネジメント委員会（以下、GERM委員会と称す）では主に、パフォーマンスリスクを対象としており、国内および海外事業をすべてテリトリーとしている。海外事業会社および海外子会社はそれぞれにリスクマネジメント委員会を設置し、戦略リスク（経営戦略リスク）を除くすべてのリスクを対象に展開している。ただし、戦略未達リスク（ローンチリスク）を対象としている。そして、ホールディングのGERM委員会がそれらを統括している。GERM委員会の委員長は代表取締役副社長、委員会構成員は一二名（取締役、常勤監査役、執行役員）、開催頻度は年二回（ただし、臨時開催は実績ベースで年二〇回程度）、リスク評価は年一回実施。「ISO三一〇〇〇」および「COSO ERM：二〇一七」を活用している。GERM委員会事務局は経営企画部門である。

•戦略リスク（経営戦略リスク）は、経営企画部門がグループ全体を取り纏めている。経営戦略に関する議論は経営戦略会議で行われる。事務局は経営企画部門である。

全社的経営戦略型リスクマネジメント分類では、次の図7－7の通りタイプⅡとほぼ一致する。

トピック

•ビールに依存した経営から脱却を加速させるために、健康分野や海外のクラフトビールなどへの成長投資に、二〇二一年一二月期までに三〇〇〇億円の投資を計画している。事業収益の三割が医薬事業であり、A社とは戦略が正反対である。

•リスクは企業風土と密接な関係があるとしており、リスクコントロールに資するマインドだけでなく、戦略リスクマインド／リスクテイクの組織醸成と意識改革を継続的重点項目としている。

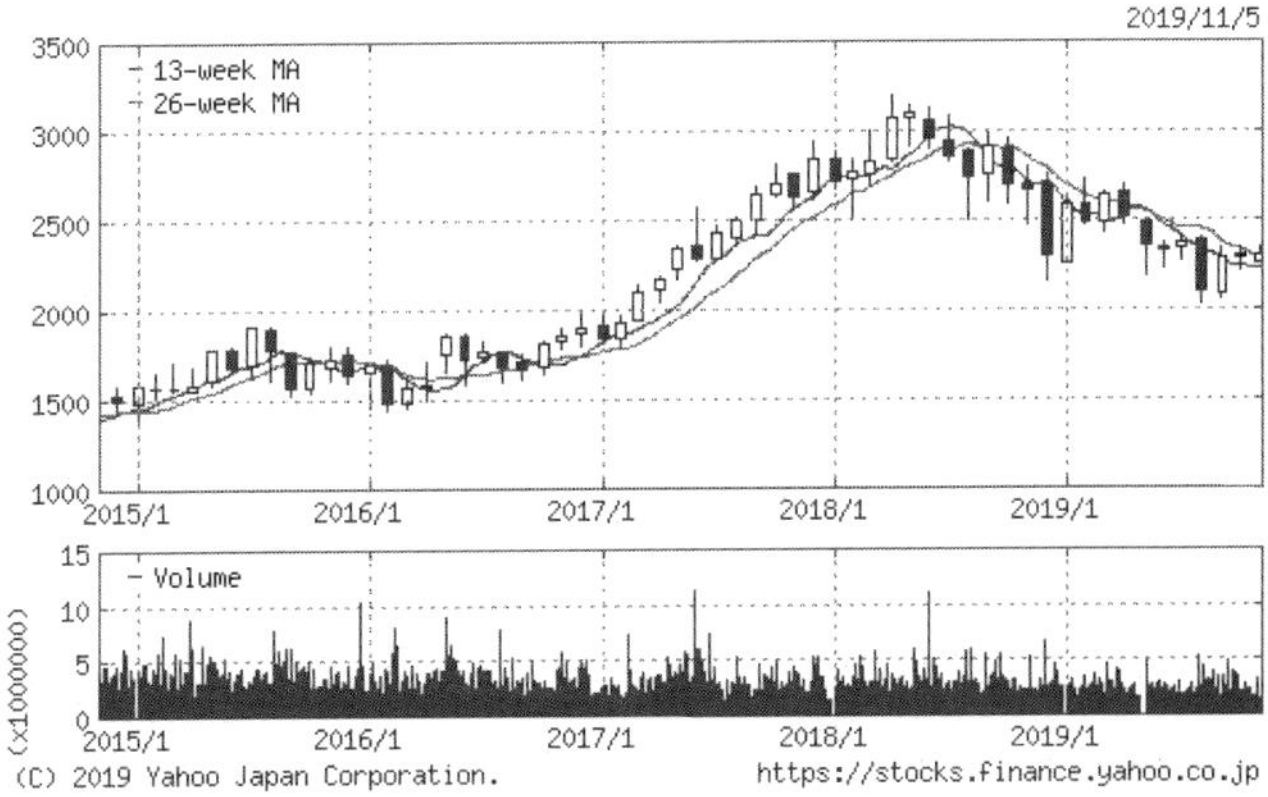

図７－６　Ｂ社株価推移

（出所）Yahoo! Japan ファイナンス（https://stocks.finance.yahoo.co.jp/stocks/）。

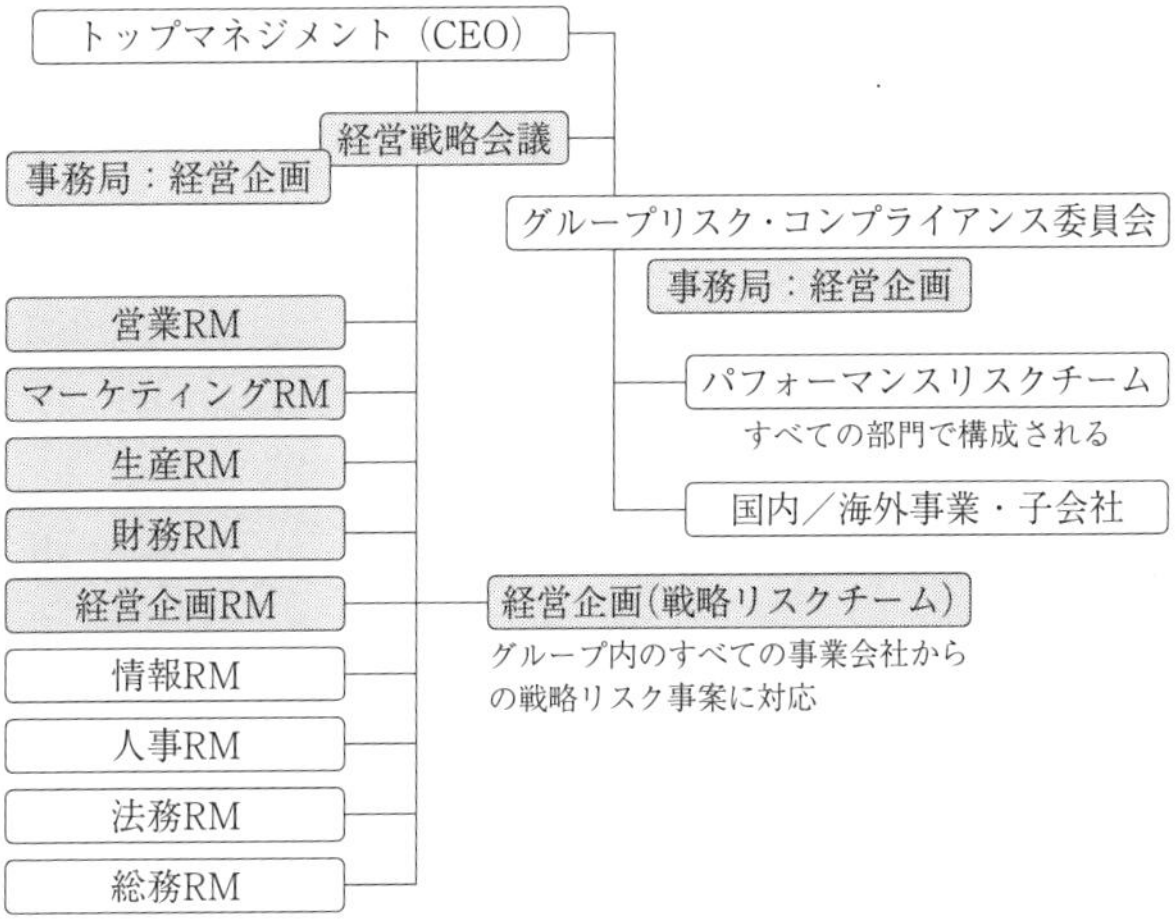

図７－７　Ｂ社の全社的経営戦略型リスクマネジメント組織体制

（出所）著者作成。

C　社

企業概要

二〇一〇年には異例の株式会社転換、株式上場に踏み切る。総資産、個人保険保有契約高は業界二位、契約者数は八〇〇万人超。インド、タイ、オーストラリア、インドネシアに進出。米国の中堅生保の巨額買収も、二〇一四年に断行するなど海外事業強化でも業界の先頭を走る。

業　績　（二〇一六年四月一日）　（二〇一九年四月五日）
株　価　一三〇四円　一六五一円
発行済株式総数　一一九八〇二三（千株）　一一九八二〇八・二（千株）
時価総額　一兆五六二二億二一九九万円　一兆九七八二億四一七三万円

戦略リスクとパフォーマンスを統合するリスクマネジメント体制について

・ホールディングのグループリスクマネジメント委員会（以下、GERM委員会と称す）と子会社のリスクマネジメント委員会（ERM委員会）の二本立てで運営している。また、二〇一六年からホールディングスと各子会社が、それぞれリスクマネジメントを行う体制となっている。GERM委員会では、戦略リスク（経営戦略リスク）を除くすべてのリスクを対象としている。主なものは、保険引受リスク、市場・信用リスク、流動性リスク、パフォーマンスリスクである。リスク定量化、会社のリスク対応力等の評価は、GERM委員会が行うことによってすべてのリスク情報が集約される。ＧＥＲＭ委員会の委員長はホールディングスリスク統括役員、委員会構成員は一四名（執行役員、ユニット長、大きな関連会社代表）、開催頻度は年二回、リスク評価は年一二回実施（月例で経営会議に報告）。「ＩＳＯ三一〇〇〇」および「ＣＯＳＯ ＥＲＭ：二〇一七」を活用している。ＧＥＲＭ委員会事務局は経営企画部門である。

全社的経営戦略型リスクマネジメント分類では、次の図７－９の通りタイプⅡとほぼ一致する。

戦略リスク（経営戦略リスク）の意思決定基準

- 戦略リスク（経営戦略リスク）は経営会議で取り扱っている。グループ全体のリスクテイク方針の設定を行う。具体的には中長期的なＥＳＲ(3)の目標値の設定、グループ全体として目指すべき新分野のリスクの決定等である。経営会議で議論を行い、取締役会に上程し決定する。経営会議の事務局は経営企画部門である。

トピック

- 米国生命保険会社を通じた買収など、海外展開は経営戦略の柱であり、今後も積極的に進める計画である。新興国のベトナムが順調に成長しており、二〇一九年中にはカンボジアの子会社も営業開始した。現在七か国に九つの生命保険の事業展開をしている。

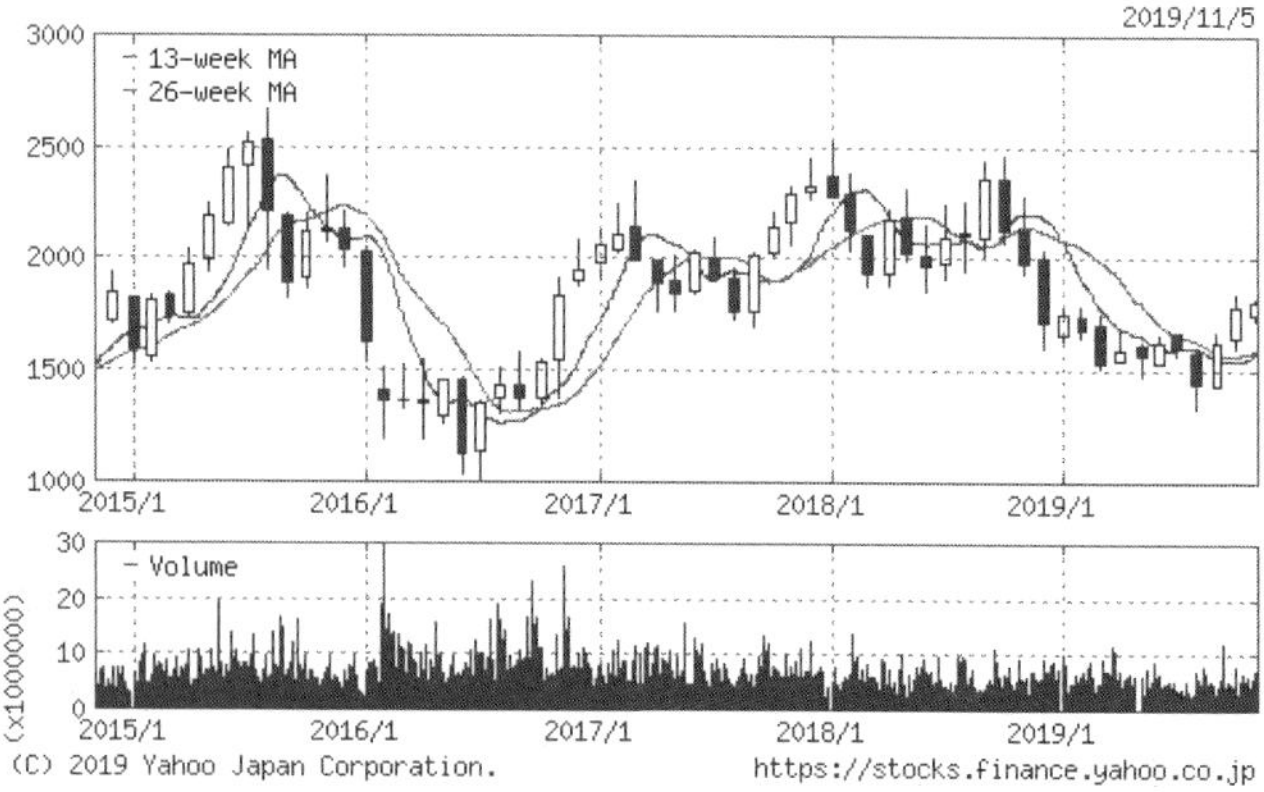

図７－８　Ｃ社株価推移

（出所）Yahoo! Japan ファイナンス（https://stocks.finance.yahoo.co.jp/stocks/）。

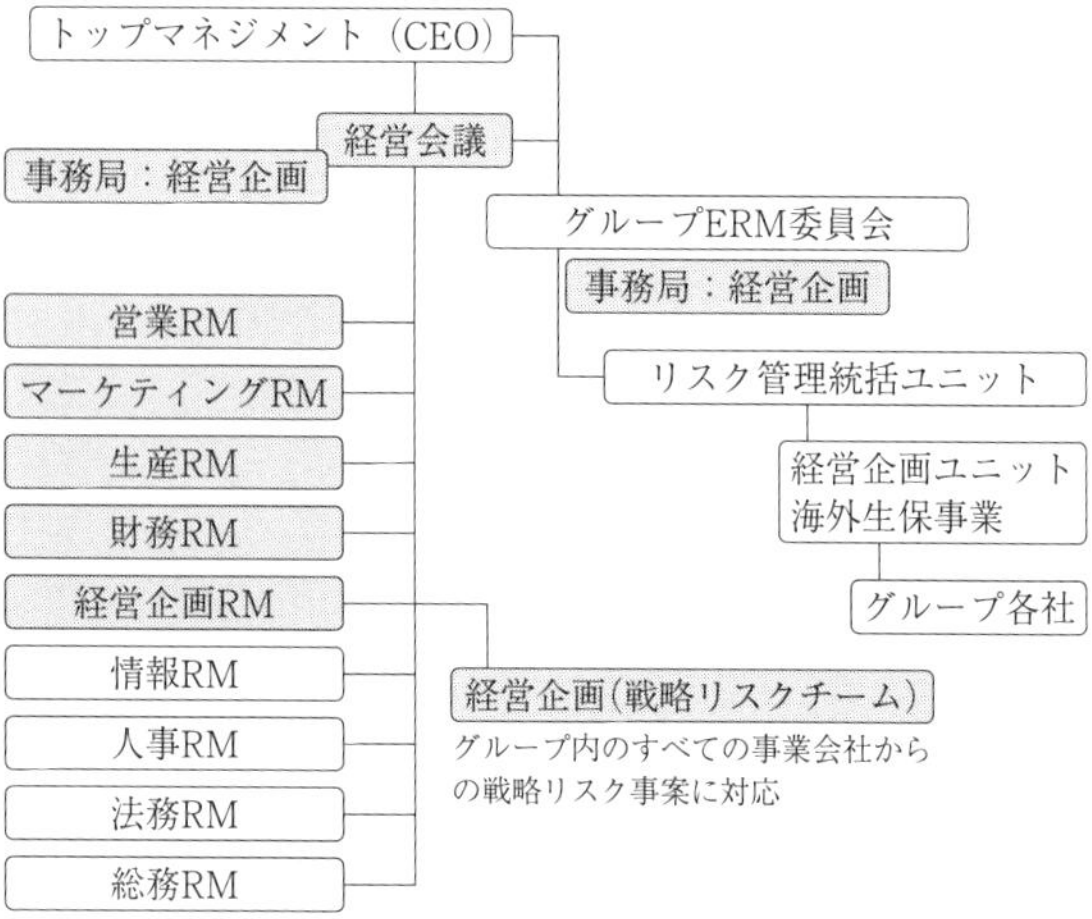

図７－９　Ｃ社の全社的経営戦略型リスクマネジメント組織体制

（出所）著者作成。

- リーマン・ショック直後の二〇一〇年に株式会社化、東日本大震災（二〇一一年）後の二〇一六年、ホールディングス会社設立とリスクマインドを都度新たに醸成してきた。強いリスクマインドの変革と粘り強く向き合うことが必然であった。「チャレンジしろ！」を標語とし、社員に対し、「あなたが今年チャレンジすることはなんですか？」という目標を毎年設定している。

ヒアリング調査から導かれること

ヒアリング調査結果より、「戦略リスクとパフォーマンスを総合した全社的経営戦略型リスクマネジメント」を可能とし、企業価値向上に資する条件を備えたリスクマネジメント体制は、全社的経営戦略型リスクマネジメントのタイプⅡ、図7－2を基本としていることがわかった。また、戦略リスク（経営戦略リスク）に関わる意思決定のために議論を行う経営会議の事務局が経営企画部門であると同時に、これまでリスクマネジメント委員会の事務局は総務部門であることが通例であったが、リスクマネジメントの対象リスクに戦略リスク（経営戦略リスク）を統合させたことにより、経営企画部門がリスクマネジメント委員会の事務局を所管することで、合理的な全社的経営戦略型リスクマネジメント推進体制構築が可能となったと考える。

戦略リスクおよび経営戦略リスクを創出するための主な着想点として最も重要な項目は、事業環境の激変（気候変動、地政学／政治変動、法規制の変更、税制の変更、国際的な健康指標の変更、低金利、国際的な各種保護団体の動向）、突然の市場消滅、外国人投資家の評価、テクノロジー（特にＡＩ）の発達、デジタルトランスフォーメーション(4)／デジタライゼーション(5)、原材料調達／サプライチェーン、人口減少／労働力確保、エネルギー革命、などであった。

今回のヒアリング対象企業は、創出した戦略リスクおよび経営戦略リスクを実践的効果的に企業組織内で展開するために、「意識改革」を不可欠な要素として位置づけている。特に、リスクテイクマインドの醸成に関しては時間を要するものであり、「これまでの企業文化／組織風土に根づかせる活動が極めて重要となる」との強い認識が確認された。

戦略リスクおよび経営戦略リスクの意思決定基準に関しては、十分な確認をすることができなかった。これは企業の経営ノウハウの核心であり、重要機密事項であるために開示対象から除外されたと考えられる。また、ヒアリング調査対象企業九社は、いずれも企業価値が向上傾向にある（一部横ばい）企業であり、減少傾向の企業へのヒアリング調査は実施が不可能であった。従って、結果に関しての網羅性の不十分性は排除しきれず、今後の研究課題と考える。

註

（1）https://www.jpx.co.jp/sicc/sectors/nlsgeu0000329wk-att/gyousyu.pdf（二〇一九年八月一〇日確認）

（2）一般財団法人産業経理協会監査役員業務研究会（http://www.sangyoukeiri.or.jp）（二〇一九年八月二〇日確認）

（3）ESR：Economic Solvency Ratio の略。リスクに対して十分な資本を確保しているかを示す健全性指標の一つ。

（4）デジタルトランスフォーメーション（Digital transformation）：「ＩＴの浸透が人々の生活をあらゆる面で良い方向に変化させる」といった概念。

（5）デジタライゼーション（Digitalization）：「ＩｏＴの進化によって、生活の中のあらゆるモノやコト、ビジネス面では商品やサービス、それらを企画・開発・製造する工程や販売、流通やマーケティング、さらには消費者の体験、これらのバリューチェーンの隅々までデジタルを適用すること」をいう。

第8章　経営戦略リスクマネジメントによる企業価値向上

リスクマネジメント等に関する先行研究やデータベース、さらに日本企業における戦略リスクを対象としたリスクマネジメント体制に関する実態調査に基づき、組織意思決定論の観点からエンタープライズ・リスクマネジメント（Enterprise Risk Management）のあり方について検討した。エンタープライズ・リスクマネジメントにおける戦略リスクへの対応展開は次の通りである。

実践的な経営戦略リスクマネジメントを可能とする組織体制

経営戦略型リスクマネジメントを組織内で展開している企業は、東京証券取引所のすべての上場企業を対象としたデータベース分析ではおよそ二八％、同所一部上場企業から抽出した企業を対象としたアンケート調査では八二％であった。このことより一部上場企業においては、戦略リスクとパフォーマンスリスクを統合したリスクマネジメントの基本スキームとなる全社的経営戦略型リスクマネジメントを展開している、もしくは今後展開する潜在的可能性が高いことが判明した。また、全社的経営戦略型リスクマネジメントへの組織体制適合判定基準として、三類型を指標とすることにより評価することが可能となった。図7－1はタイプⅠ、図7－2はタイプⅡ、図7－3はタイプⅢにそれを示している。

実際に「COSO ERM：二〇一七」を活用している企業では、タイプⅡを基本型としてリスクマネジメントを展開している事例が確認された。しかしながら、今回のアンケートおよびヒアリング対象企業はすべての一部上場企業ではないため、タイプⅠおよびⅢに合致する企業の存在は排除できない。ただし、意思決定は経営組織そのものであること、戦略リスクを対象とした意思決定、その意思決定に関わる権限の付与（組織体制）と付与された状態、権限行使とそれに伴う結果のモニタリング機能、さらに取締役会への報告等が「経営組織の質」、つまり「意思決定の質」を決定する要因となりうると考えられることから、タイプⅡを選択する企業の比率は必然的に高くなることが想定される。ちなみにタイプⅠではリスクマネジメント委員会は全社的な議論の場であり、かつ意思決定機関である取締役会の補助機関である経営会議への情報提供者としてのシンクタンク的な位置づけの色合いが強くなり、タイプⅢでは、企業において一つの部門に過ぎない経営企画部門の権限が強くなり過ぎることが考えられる。

戦略リスクの特徴とその創造

第三章において戦略リスクを次の通り四分類と定義している。

戦略リスクの四分類
- 経営戦略リスク：経営戦略や経営計画の策定や意思決定時に関わるリスク
- ローンチリスク：経営戦略に基づく経営計画を達成するための、計画実行前リスク（ローンチを成功裡に終えるために想定されるリスク）と実行後リスク（ローンチ後の経営計画の目標達成を阻害するリスク）
- 下振れリスク　：経営計画の目標値（許容範囲）を想定以上に下回るリスク（未達成リスク、撤退リスク）
- 上振れリスク　：経営計画の目標値（許容範囲）を想定以上に上回るリスク（原料未調達リスク、供給能力不足リスクなど）

企業は常にリスクに晒されており、リスクマネジメントを重要な経営管理の手法として活用せざるをえないことは、事業活動を展開し続ける以上、宿命と言っても過言ではない。ゴーイングコンサーンの一つと言われる所以はここにある。現実にはリスク対策を決定し実行することにより、新たなリスクを生み出している。リスクがリスクを生み出すわけである。この観点から著者が定義した戦略リスクの四分類は、次の通り二つのグループで構成される。

(A)コントロール型戦略リスク

「既に認知されたリスクへの対応に伴い、将来発生するであろうリスク」

このリスクはオペレーションと密接な関係を有している。

・該当するリスク：ローンチリスク、下振れリスク、上振れリスク

(B)クリエイト型戦略リスク

「現在時点では有しておらず、将来新たに創出するリスク」

このリスクは企業の存亡を賭けた生き残りのための核心であり、その企業の理念・哲学・価値観と密接な関係を有しており、企業の過去現在未来を貫く存在意義である。

・該当するリスク：経営戦略リスク

これらの観点より、戦略リスクを次の通り定義する。

企業の存亡に大きな影響を与える経営環境の変動に内在する不確実性、意図した事業戦略を遂行す

- リスク・ファイナンス（Risk Finance）
- リスク・コントロール（Risk Control）

パフォーマンスリスク
- Reduce
  - オペレーショナル・リスク（Operational Risk : OPS-Risk）
  - 市場リスク（Market Risk）
  - 信用リスク（Credit Risk）
  - ローンチリスク（Launch Risk）一定時間経過後はOPS-Riskへ移管
  - 下振れリスク（Under Estimate Risk）撤退リスク含む

戦略リスク
- Gain
  - 上振れリスク（Over Estimate Risk）
  - 経営戦略リスク（Management Strategy Risk）

コントロール型：ローンチリスク、下振れリスク、上振れリスク
不確実性：下振れリスク、上振れリスク、経営戦略リスク
クリエイト型：経営戦略リスク

図8-1　新たなリスク分類

（出所）著者作成。

る能力を大きく低減させる予期せぬ事象とその状態

新たなリスク分類は、図8-1に示す。

現実には、(A)「コントロール型戦略リスク」と(B)「クリエイト型戦略リスク」は相互に影響を与え合っており、コントロール型戦略リスクへの対応状況や結果は、クリエイト型戦略リスクの創出に関わる検討プロセスにフィードバックされることになる。この点は戦略リスクとパフォーマンスリスクを統合したリスクマネジメントを展開する上で、非常に重要である。

クリエイト型戦略リスクの創出に関わる検討プロセスにおいて重要となるアンカーポイントは、①業界の構造の変化、②技術の変化、③ブランドの弱体化、④唯一無比の競合他社の存在、⑤顧客の嗜好変化、⑥プロジェクトの失敗確率、⑦成熟市場の停滞、⑧気候変動、⑨資源の枯渇、⑩代替エネルギーの変化等が考えられる。

戦略リスクは新たなリスクの創出である以上、「リスクの創造」、つまり企業のリスク創造力が問われることとなる。リスク創造のあり方は、企業それぞれで異なるため、その戦略コンセプトと創造プロセスは今後の研究対象となると考える。

経営戦略リスクマネジメントの基本コンセプト

企業を組織体制の視点から評価する指標として、全社的経営戦略型リスクマネジメントの三類型を示した。しかしながら、運用ベースの評価に関しては未だ妥当性のある指標は示されておらず、効果測定などを実施することは困難である。従って、外観上の組織体制による評価を補い、機能を評価する指標が必要となる。そこで、基本コンセプトと統合プロセスの観点より、戦略リスクとパフォーマンスリスクを統合したリスクマネジメントの評価指標を提言する。

基本コンセプトの設定項目は、戦略統合型エンタープライズ・リスクマネジメント（ERM）を活用する目的の明確化、戦略リスクをマネジメントすることに付随する「計画リスク」への牽制機能としての検証、「競争リスクの要因」への対応策と損失予測、「競争リスクの要因」の数値化と計画修正、などである。評価指標は組織内における認識度合いとプロセス化の有無である。基本コンセプトは図8－2の通りである。

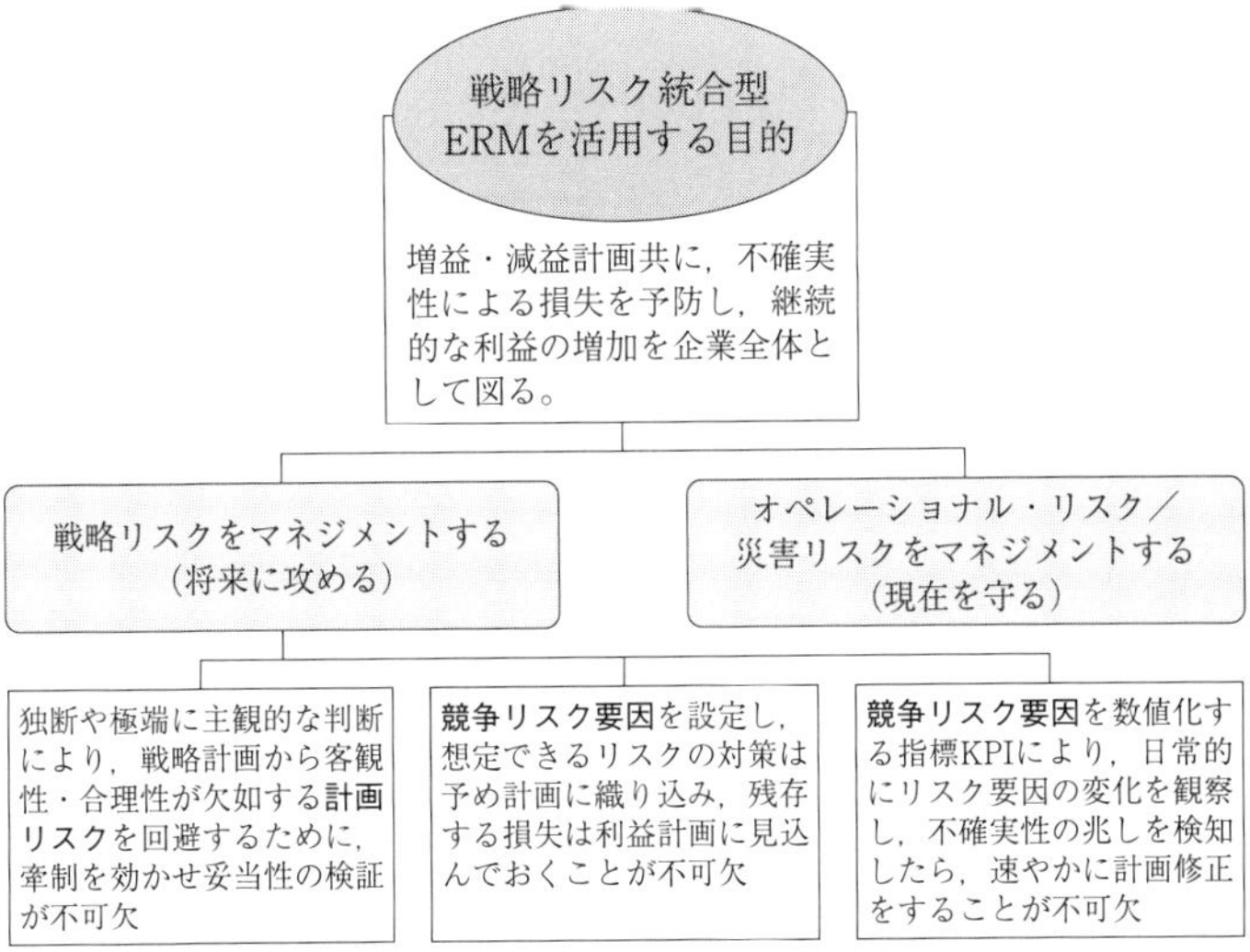

図8－2　戦略統合型ERMの基本コンセプト

（出所）著者作成。

経営戦略プロセスとリスクマネジメントプロセスの統合

統合プロセスの観点では、「戦略リスクプロセス」と「ERMプロセス」の二つのプロセスが相互に関係性を維持しながら、情報のフィードバックと計画修正の一連のサークルを構成していることが必要となる。特に、企業実務レベルで実施されることが重要となる。統合プロセスチャートは図8－3の通りである。チャートに示されたプロセスと比較することで、容易に統合プロセスを評価することが可能となる。

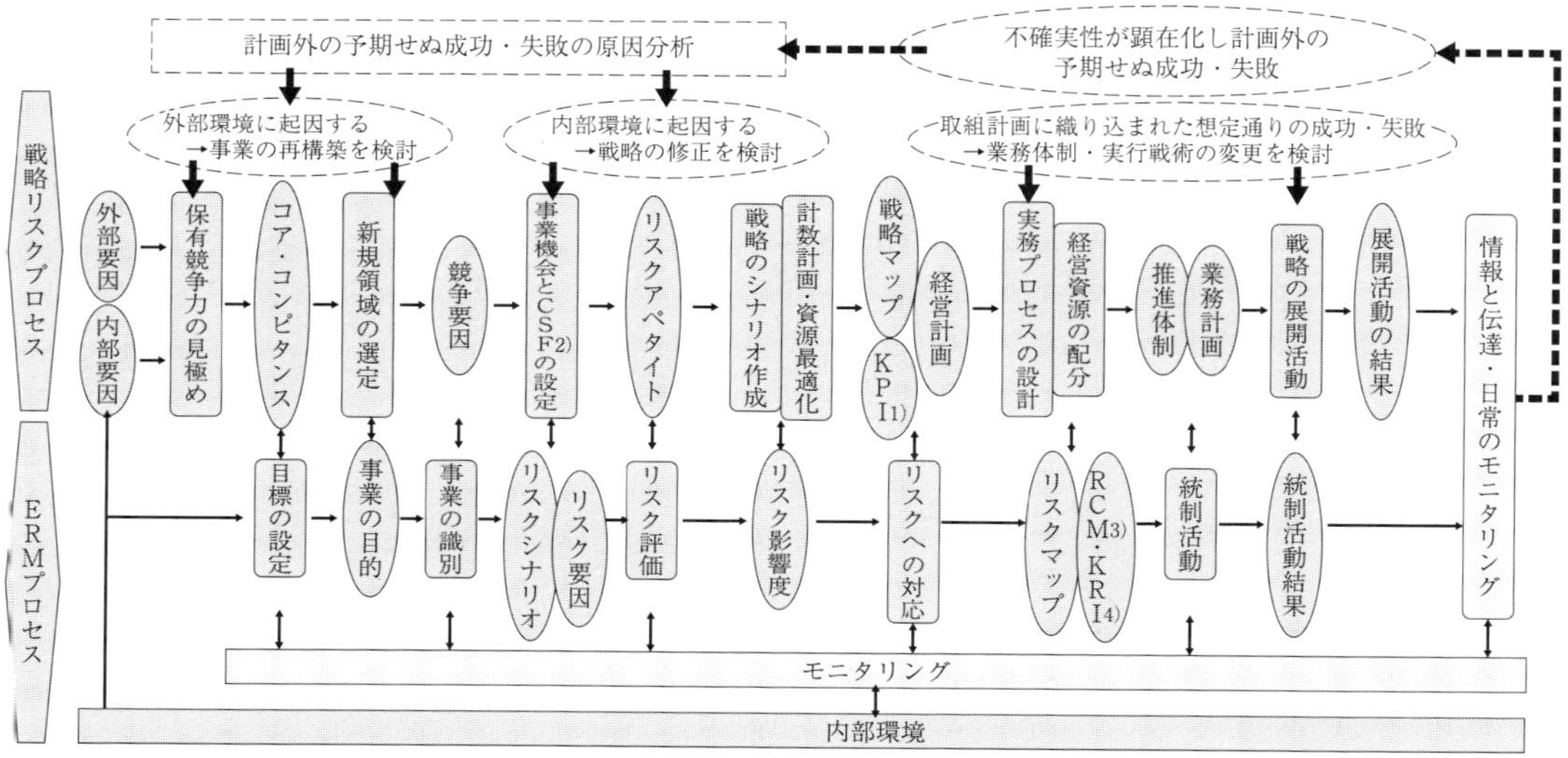

図8-3　統合プロセスチャート

注1）KPI: Key Performance Indicator
　2）CSF: Critical Success Factor
　3）RCM: Risk Control Matrix
　4）KRI: Key Risk Indicator
（出所）著者作成。

経営戦略の立案と意思決定

戦略リスクとパフォーマンスリスクを統合したリスクマネジメントを実行力のある展開を現実のものとするためには、ダイナミックな戦略リスク創造力と、経営戦略立案のための徹底した粘り強い議論が必要である。より良質な意思決定を速やかに下すための必須条件とも言える。しかしながら、これまでの一般的慣習による戦略リスク創出および経営戦略立案プロセスが、意思決定の質を低下させている。マンキンスとスティール(1)は、戦略立案プロセスが有効に機能しない要因として、①年次プロセス、②対象が個別の事業部門となっている、を示している。つまり、戦略立案プロセスは経営陣の意思決定プロセスとまったく合致しない、ということである。それは経営陣は、年次や事業部門の都合とは無関係に重要な意思決定を下すからに他ならない。ヒアリング調査対象企業からも、「M＆Aなど飛び込み案件に関する経営陣の速やかな意思決定が重要な場面も多くある。」との発言もあった。そこで、この戦略立案と意思決定の断絶を回避する手立てとして、従前の年次別、事業部門別の戦略立案プロセスを廃止して、継続的、かつ年次に捉われない、また事業部門の枠を撤廃して、企業が抱える課題、つまり戦略リスクにフォーカスされた意思決定プロセスを導入することが求められる。戦略立案のスケジュールの変更、そして全社的な戦略立案を対象した経営陣の戦略リスク検討の質の向上などが考えられる。「検討と承認」から「議論と決定」にいかにシフトするかが重要であり、戦略立案作業に終始していた経営陣の会議を意思決定の場に変えることが眼目となる。
継続的かつ意思決定志向の戦略立案プロセスとして、次の手順を提言する。

①全社的に重要となる戦略リスク（戦略課題）を決定する。基本年一回の見直しを実施する。

②決定した戦略リスクを、リスクマネジメント委員会および経営戦略会議と共有し、常時議論を継続する（練り上げ作業）。

③戦略リスクは複数の事業部門に関係するため、戦略リスクごとにプロジェクトチームを設置し、戦略リスクに関連する情報、財務情報等に基づいて選択肢や対応策を検討、評価する。

④経営戦略会議は、プロジェクトチームから報告のあった戦略リスク課題を最低二回に分けて議論をする。その目的は、課題に関するデータと実行可能な選択肢についての合意形成に集中するため、そして合意された選択肢の評価と最善のアクションプランの選択と決定に集中するためである。

⑤代替の選択肢の検討を実施する。それは、市場環境や競争条件の変化に速やかに対応するために、常に重要な戦略リスク課題を戦略立案プロセスに移行させるためである。

⑥アクションプランの決定に基づき、事業部門の予算と資本計画を修正し、選択された戦略計画を事業計画に反映させる（戦略立案プロセスに、資本計画の作成プロセスと予算編成プロセスが統合し完成する）。

註

（1）Micheal C. Mankins & Richard Steele, "Stop Making Plans: Start Making Decisions," *Harvard Business Review*, January 2006.

終　章　経営戦略リスクマネジメントのこれからの課題

リスクマネジメントの有効性評価

リスクマネジメント方針、運用状況、リスク評価や対策検討・議論、意思決定プロセス等々は、企業それぞれで独自性を有している。そして、そのリスクマネジメントの展開結果の良し悪しが、どの程度合理性と客観性を担保して評価できるかは、変動要因が多岐にわたることからも容易ではない。従って、リスクマネジメントの運用状況に関する評価指標が求められるところであるが、定量定数的な評価指標では組織活動と体制、評価手法、意思決定プロセス等に及ぶこと、その効果が発揮されるためには時間的要件も必要であることなどから定性的な指標を基本としつつ、ある程度の時間軸を前提に評価することが求められる。いずれにせよ、戦略リスクを対象とする全社的経営戦略型リスクマネジメントの有効性評価指標の確立が待たれるところである。

企業文化としてのリスクマインド

リスクマインド、もしくはリスクテイクマインド（戦略リスクテイクマインド）の組織内における浸透度合が重要となる。現代的リスクマネジメントプロセスのにおいては、ビジョンをビジネス化し、リスクマネジメントプロセスの中に、経営の意思決定が組み込まれる必要がある。ビジョンのビジネス化とは、未来思考のビジョン（戦略リスクテイクマインドに基づく経営戦略）を、現在思考（問題解決改善マインド）に変換することであり、そのために企業価値向上の仕組みの構築に必要な経営資源を投入することである。企業価値の最適化のためには、効果的なリスクマネジメントを可能とする最適なリスク文化や企業文化が企業内に存在していなければならない(1)。組織を構成し、経営計画を実行するのは人である。従って、経営戦略リスクマネジメントを成功裡に遂行するためには、最前線の一人ひとりまで、リスクテイクマインド浸透への意識改革を継続的に図り続ける必要がある。ただし、この浸透度合の評価も定性的にならざるをえない、といった課題は残る。

危機発生時における経営戦略リスクマネジメント

第四章において、経営戦略を「特定の組織が、何らかの目的を達成するために、外部環境分析内部環境分析から作り出す筋道」と定義した。さらに、戦略リスクマネジメントの実践が意味するところとして、「将来の企業の姿、進むべき方向性、創造すべきポートフォリオを外部環境の変化よりイメージし、現在の姿とのギャップを克服することであり、内部資源の活用により組織や業務の仕組みの再編、目的の設定と修正、そしてその遂行とフィードバックの融合」を図ることであるとした。

危機発生時には激しく外部環境が変化し想定外の事象の連鎖が経営環境を襲うことになる。二〇一九年末から、世界中で猛威を振るっている新型コロナウイルス・パンデミックなどは、まさに典型的な未曾有の危機と言える。ビジネスモデルの変容、収益構造の改革が必然となることから、企業はあらゆる経営資源を投入して〝危機突破〟を図らなくてはならない。

危機突破も経営戦略の定義に含まれており、マネジメントの一つと言える。危機に直面しないように組織を維持管理し、危機に直面した場合に、危機に挑戦し、防衛、撤退などの戦略を講じ、危機を克服する。(2) 例えば、危機が、大型地震や風水害等による複合災害であった場合は、危機克服として、事前予防、情報収集・周知、救助、救済、復旧・復興などの受動的な手段を取ることとなる。しかし、新型コロナウイルス・パンデミックのような災害では、受動的な手段だけでなく能動的な手段を講じることが強く求められる。能動的な手段の基本となるのは、経営革命であり自己変革である。新型コロナウイルス・パンデミック前後では社会の様相が変化しており、いかに企業活動を適応させることができるかが、企業存亡の鍵となる。そのためには、クリエイト型としての経営戦略リスクを、平時における価値創造・向上、新分野への拡大・融合、だけでなく、有事における危機突破、サービス・製品・組織の急速な変革をも視野に入れて備えておくことが肝要である。

戦略リスクとパフォーマンスリスクを統合したリスクマネジメント適合評価基準

最後に、本書で提示したビジネス実務での活用が期待できる、「戦略リスクとパフォーマンスリスクを統合したリスクマネジメント」の適合評価基準を改めて、まとめて掲載しておく。

組織体制による評価
いずれのタイプの組織体制を構築しているかで評価が可能

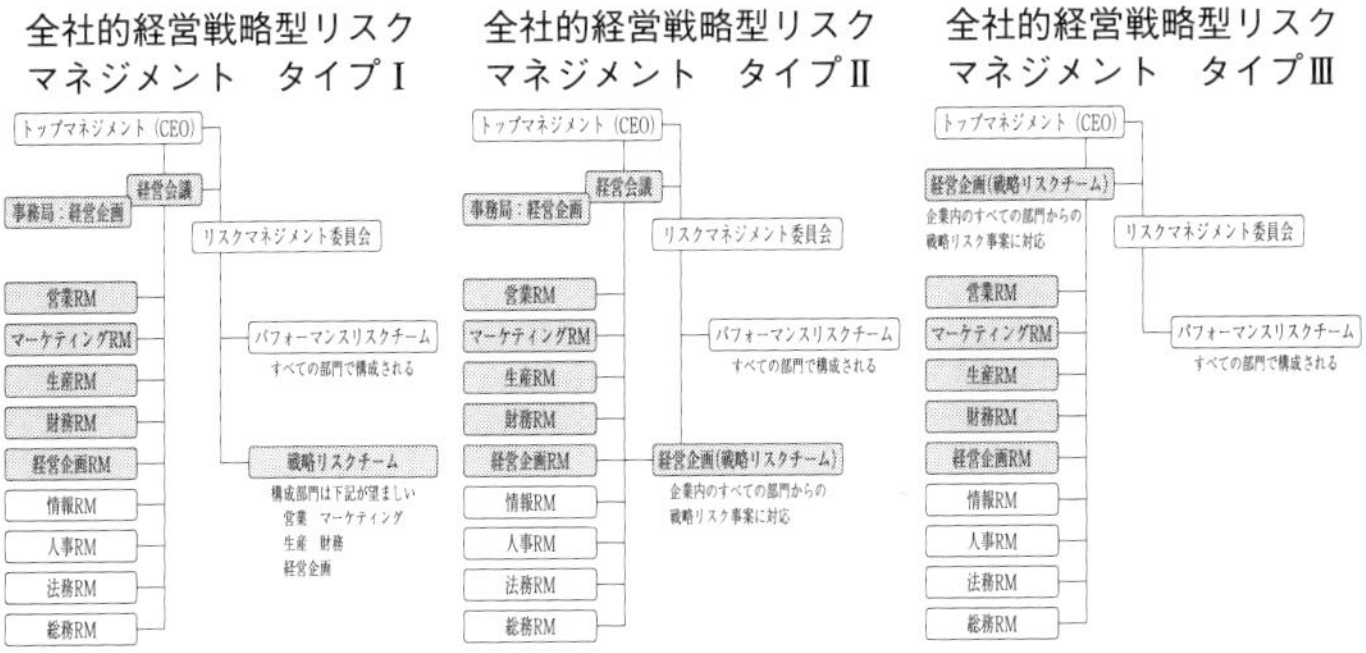

基本ポリシー
戦略リスクを統合する目的の明確度が評価できる

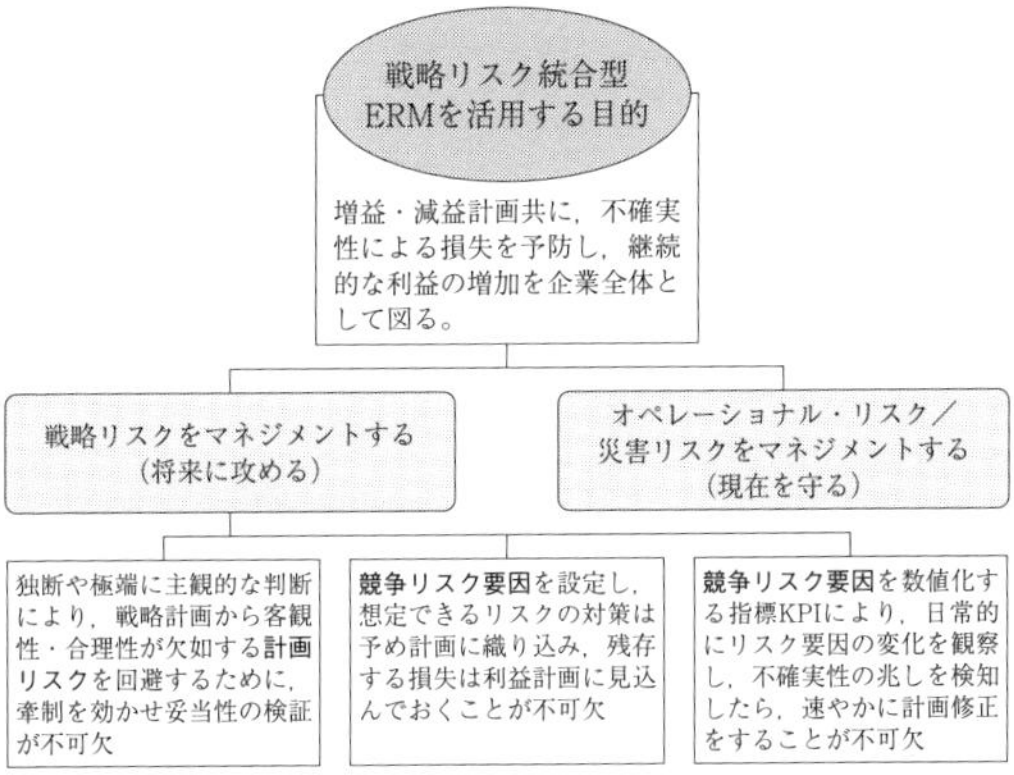

統合プロセスによる評価

実務ベースで戦略リスクプロセスとERMプロセスが統合されてたスキームで運用展開されているかの評価が可能

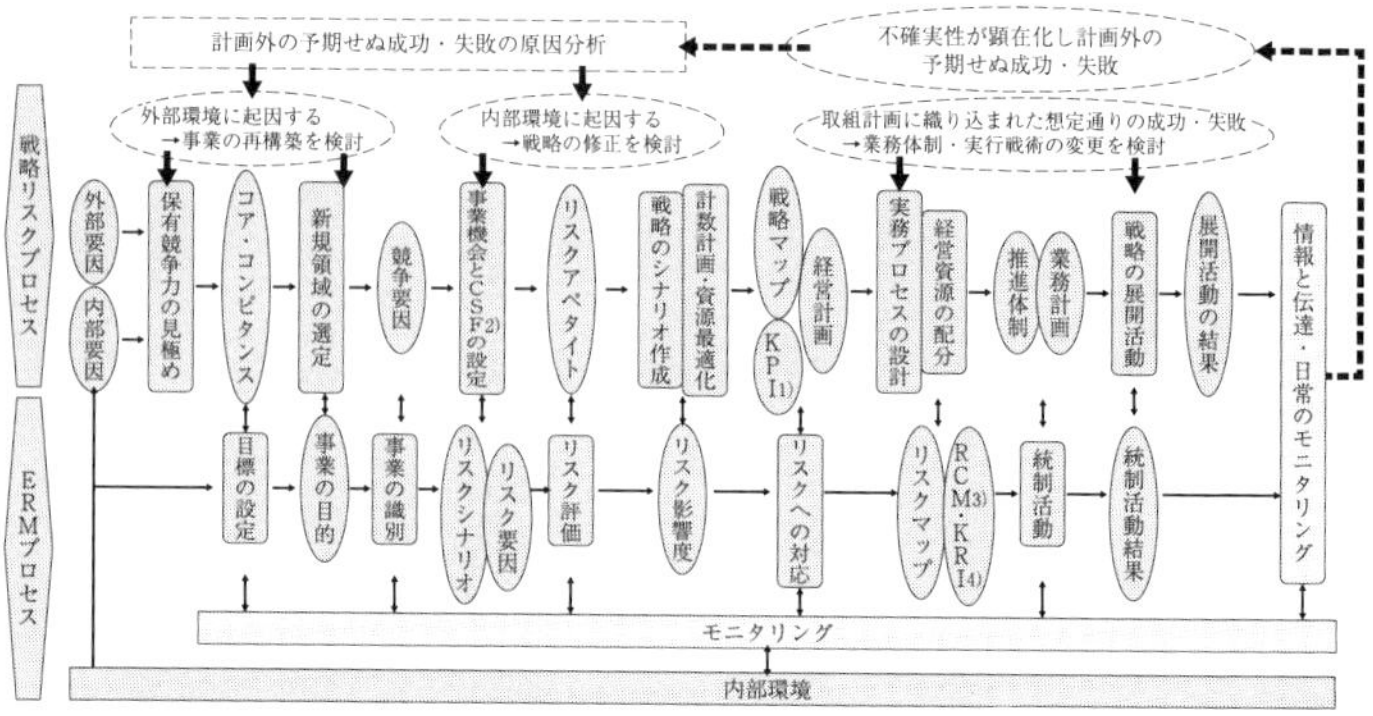

注 1)KPI: Key Performance Indicator　2)CSF: Critical Success Factor　3)RCM: Risk Control Matrix　4)KRI: Key Risk Indicator

戦略リスクの分類

リスクマネジメントで対象とする戦略リスクの把握が可能

- リスク・ファイナンス（Risk Finance）
- リスク・コントロール（Risk Control）

パフォーマンスリスク ／ 戦略リスク

Reduce
- オペレーショナル・リスク（Operational Risk : OPS-Risk）
- 市場リスク（Market Risk）
- 信用リスク（Credit Risk）
- ローンチリスク（Launch Risk）一定時間経過後はOPS-Riskへ移管
- 下振れリスク（Under Estimate Risk）撤退リスク含む

Gain
- 上振れリスク（Over Estimate Risk）
- 経営戦略リスク（Management Strategy Risk）

不確実性

コントロール型

クリエイト型

意思決定志向の戦略立案プロセスへのシフト

戦略立案プロセス改革

①全社的に重要となる戦略リスク（戦略課題）を決定する。基本年一回の見直しを実施する。
②決定した戦略リスクをリスクマネジメント委員会および経営戦略会議と共有し，常時議論を継続する。（練り上げ作業）
③戦略リスクは複数の事業部門に関係することより，戦略リスク毎にプロジェクトチームを設置し，戦略リスクに関連する情報，財務情報等に基づき選択肢や対応策を検討，評価する。
④経営戦略会議はプロジェクトチームから報告のあった戦略リスク課題を最低二回に分けて議論をする。その目的は，課題に関するデータと実行可能な選択肢についての合意形成に集中するため，そして合意された選択肢の評価と最善のアクションプランの選択と決定に集中するためである。
⑤代替の選択肢の検討を実施する。それは，市場環境や競争条件の変化に速やかに対応するために，常に重要な戦略リスク課題を戦略立案プロセスに移行させるためである。
⑥アクションプランの決定に基づき，事業部門の予算と資本計画を修正し選択された戦略計画を事業計画に反映させる。（戦略立案プロセスに，資本計画の作成プロセスおよび予算編成プロセスが統合が完成する）

註

（1）上田和勇『事例で学ぶ　リスクマネジメント入門』同文舘出版、二〇一二年、一四九頁。

（2）亀井利明『危機管理と危機突破』ソーシャル・リスク研究所、二〇一五年、八〇頁。

おわりに

未だ人類は未知の危機、いわゆるドラゴンキング——稀に発生し、かつ大規模な影響をもたらすイベント——の真っ只にいる。現在、世界ではアメリカをはじめ一四カ国において、新型コロナウイルスワクチン接種が始まったばかりである。我が日本はどうかというと、二月下旬から医療関係者より順次開始される予定である。感染症による史上初の緊急事態宣言が二〇二〇年四月に発出されたが、今日二〇二一年一月七日より、第二回目の緊急事態宣言が発出された。強い感染力が確認されている新型コロナウイルスの変異種が拡大している英国では、三度目のロックダウンとなっている。また、南アフリカで発見された異なる変異種では、二〇二〇年三月以降世界中で開発が進み、既に使用されつつあるワクチンの効果が疑われるとの報告もある。今後一〜二年は新型コロナによる影響が長引くことが容易に予想され、感染拡大により各国で経済格差がさらに広がるほか、ワクチンの確保をめぐって先進国と途上国の間で格差が生じるおそれがあり、政治、経済の両面で未曾有の衝撃をもたらすこととなるであろう。一九一八年にはスペイン風邪の大流行、一九二九年の世界恐慌、そして一九三九年には第二次世界大戦と、二〇世紀においては新たな感染症のパンデミックから一〇年単位で経済、政治に激震が走ったことは事実である。二一世紀では、五年単位、いや三年単位で新たな混乱と無秩序を私たちは経験することになるのではないだろうか。

一方、気候変動による環境問題、デジタル技術革新によるグローバルなデータ覇権争いやサイバー空間の独裁、次世代再生エネルギーへの転換など未経験のリスクへの対応がまだまだ私たちを待ち構えている。また、あらゆる価値観のパラダイムシフトの潮流の中で、新自由主義の終焉による経済概念の次なる秩序、複雑化する多様性と付加価値や生きるための真の哲学など人間社会の精神的支柱となる思想が求められている。歴史には必ず踊り場がある。駆け上がって来た階段によりあがった息を整えて、次の高みへと向かうためのものが踊り場である。人類は二〇世紀を凄まじいスピードで駆け抜けて来た。それはあらゆるものに効率を追求し、利潤を生み出すことへの飽くなき欲望を解き放ち尽くした結果に他ならない。間違いなく世界は疲れている。それを自覚し、次に備えるために熟考する時が、今なのではないだろうか。そして、私たちは、パラダイムシフトのなかにいる一員であることを認識しなければならない。

執筆に取り掛かった目的は、不確実性が高まる経営環境下において、リスクを積極的に取るスタンスを維持し、新たな経営戦略リスクの創出と戦略リスクを含むすべての事業リスクマネジメントの実践を可能とすることであった。リスクマネジメント、戦略リスク、経営戦略、意思決定に関する先行研究の検討から、戦略リスクの定義、経営戦略リスクマネジメント組織体制の適合評価基準の導出を図った。さらに、戦略リスクを含むすべての事業リスクマネジメントの展開に資する基本ポリシー、実務ベースでの活用を想定した統合プロセス（戦略リスクプロセスとＥＲＭプロセス）の提言を行った。今後は、機械学習によるビッグデータの活用により、リスク評価の実施やリスクアペタイト・コントロールの自動化を実現することとなる。それにより、経営者は最重要プロセスである経営戦略リスクの創出と意思決定に集中することが可能となる。新型コロナウイルス収束後の世界では、間違いなく新自由主義以外の経済成長原理を取り込んだ新たな経済価値や持続可能な開発目標（ＳＤＧｓ）が経営戦略リスクデザインの源となる。そして、経営戦略リスクマネジメントが、次なる高みへと持続的成長を果たす原動力となることを願って止まない。

本書では最高の知識と経験をお持ちの方から、惜しみない英知とご協力を頂いた。リスクマネジメント論、意思決定論に関して情熱的な指導を頂いた関西大学亀井克之教授に感謝申しあげます。また、企業の実態調査に関して、まるで魔法のような電光石火劇で実現まで指導頂いた鳥飼総合法律事務所鳥飼重和先生に心より感謝致します。最後になりましたが、本書の出版に当たり、丁寧なご指導を頂いたミネルヴァ書房編集部の皆さまに感謝します。

二〇二一年一月

大森　勉

索　引

（＊は人名）

さ　行

た　行

な　行

は　行

欧文

《著者紹介》

大森　勉（おおもり・つとむ）

1964年　生まれ。
2020年　関西大学大学院社会安全研究科防災・減災専攻博士課程修了。
2020年　学術博士（関西大学）。
現　在　関西大学社会安全学部非常勤講師，鳥飼総合法律事務所特別顧問，
株式会社ビープロシード取締役。
主　著　『大震災後に考える リスク管理とディスクロージャー』（柴健次・太田三郎・本間基照編著，共著）同文舘出版，2013年，ほか。

経営戦略リスクマネジメント
——理論と実践——

2021年3月25日　初版第1刷発行　〈検印省略〉

定価はカバーに
表示しています

著　者　大　森　　勉
発行者　杉　田　啓　三
印刷者　江　戸　孝　典

発行所　株式会社　ミネルヴァ書房
607-8494　京都市山科区日ノ岡堤谷町1
電話代表（075)581-5191
振替口座 01020-0-8076

共同印刷工業・新生製本

ISBN978-4-623-09170-6
Printed in Japan